雅思阅读
词汇宝典 IELTS
reading

李小涵　李　丹 / 编著

机械工业出版社
CHINA MACHINE PRESS

本书由启德教育具有丰富教学经验的一线教师编写。本书雅思阅读词源全部来源于剑桥雅思阅读出题句和题目，根据考点进行编写，帮助考生阅读考点词汇一网打尽。

在词汇记忆上，本书首先提供了真题词汇的基本信息，并给出了同根词及其释义，还给出了同义替换词，能有效地帮助考生读题答题，语境例句更能帮助考生加深理解词语在句子中的引申义，以此实现缩短记词时间、有效提高雅思阅读分数的目的。文末列出英语核心词汇，将基础阶段高频的词汇集中呈现，只需要快速浏览便可完成，实现查缺补漏的目的。恰当利用本书，可以有效提升雅思阅读词汇量。

图书在版编目（CIP）数据

雅思"懒人记词"实用工具书系列. 雅思阅读词汇宝典 / 李小涵，李丹编著. —北京：机械工业出版社，2020.3
（启德满分学堂）
ISBN 978 - 7 - 111 - 65429 - 2

Ⅰ.①雅… Ⅱ.①李… ②李… Ⅲ.①IELTS-词汇-自学参考资料 Ⅳ.①H313

中国版本图书馆 CIP 数据核字（2020）第 066782 号

机械工业出版社（北京市百万庄大街 22 号 邮政编码 100037）
策划编辑：孙铁军 责任编辑：孙铁军
责任印制：孙 炜
保定市中画美凯印刷有限公司印刷

2020 年 10 月第 1 版·第 1 次印刷
148mm×210mm·7.125 印张·226 千字
标准书号：ISBN 978 - 7 - 111 - 65429 - 2
定价：46.80 元

电话服务 网络服务
客服电话：010 - 88361066 机 工 官 网：www.cmpbook.com
　　　　　010 - 88379833 机 工 官 博：weibo.com/cmp1952
　　　　　010 - 68326294 金 书 网：www.golden-book.com
封底无防伪标均为盗版 机工教育服务网：www.cmpedu.com

丛 书 序

2019 年已经接近尾声，在临近年末的 11 月，我受邀为《雅思"懒人记词"实用工具书系列》作序。经过近一年的编撰，在启德考培北京学校和广州学校雅思组的优秀教师的努力下，这套书终于要跟雅思考生见面了，我想我和团队的所有参编人员的心情都是一样的，那是一种踏实的成就感。

最近几年来，出国留学深造是广大中国学生提升个人社会竞争力、拓宽职业生涯道路的重要选择。其中选择到英联邦国家深造，特别是研究生阶段的中国留学人数在逐年攀升。因此，雅思成绩，作为申请海外院校必备的标化成绩之一，也作为衡量学生英语水平的重要参数之一，在国内得到了广泛的认可。特别是当雅思成绩跟中国英语能力等级量表进行对应之后，学习雅思更成为许多大学在校生的主动选择。

学习雅思，重点是提升学生的英语应用能力，而并不只是简单地掌握一点考试技巧，通过考试而已。而英语应用，首先讲究的是英语非母语者能够准确地掌握并使用英语词汇。实际上，词汇量的广度与深度直接影响着学习者对英语学习的理解和学习的效率。

雅思词汇作为雅思英语教学的基础，以及雅思听说读写能力提升的关键，历来受到高度重视，我们始终在不断摸索，试图解答这样一个问题：怎样提高词汇学习的时效性？学习雅思的学生和授课的老师，都非常明白，提高学生的词汇量是具有高度现实意义的。这是因为，一个能够轻松理解并使用英语词汇的学生，注定在英语的输入和输出这两方面的表现都会非常优秀。因为他有了征服英语文本的基础，也具备了用英语来准确表达自身思想的基础。

在常年的教学过程中，启德考培《雅思"懒人记词"实用工具书系列》的多位作者，结合雅思考试的实际情况，基于对英语学习和词汇教学原理的精心教研，经过长时间谨慎、细致的研讨，编撰出本系列丛书，旨在帮助学生科学、高效地记忆雅思词汇，并能够掌握词汇的相关用法，以及在雅思考试中的考频和考法等。作者将单词分为听力、口语、阅读、写作四个单项，规避了以往背诵雅思单词大而全的不是，更有针对性。同时也让学生在接受雅思培训的过程中，能够根据听说读写四科的培训计划，有对应性地学习和背诵单词，单词背完即用，用过即会，做到背诵过的单词在做题中遇到，做题中遇到的单词在词表中出现，做到完全的闭环，不断加深学生对单词的印象，提升对单词的使用能力。

启德考培一直坚持并将继续致力于向广大考生提供最优的教学服务，我希望，这样一套丛书，能够真正在未来为雅思考生打开一扇新的大门，让英语学习高效起来，让雅思高分不再是留学路上的障碍，让更多优秀的学生能够去海外深造，未来报效祖国。

苑文

2019 年 11 月

前言

Preface

　　雅思考试作为主流且成熟的考试已走过了三十多年，随着中国改革开放的不断深入，对具有全球视野的人才需求日益增多，雅思作为出国必经的考试，越来越得到大家的重视。如何在这个全球性的考试中取得优异的成绩，怎么帮助无数的考生们更快地提分，成为每一位启德老师的夙愿。

　　在雅思听说读写四个科目里，作为输入项的阅读，一直被视为中国学生的高分优势，得阅读者得雅思。这一点，在 British Council《2018－2019年雅思学术报告》中得到证实。数据表明，中国学生的 A 类阅读平均分是6.15，在四科中最高。同时，这一成绩也让我和我的同事们倍感压力，如何才能让中国学生的阅读成绩更上一层楼，成为鞭策我们的动力。

　　作为一名在教育行业深耕了多年的出国语言培训老师，我深知一本权威专业的雅思词汇备考书籍对于考生的重要性。因此这本书的设计，我们力图实现更多的突破，希望给到备考的同学更精准的重点词汇复习范围。这里所说的突破，不是单纯为了写书而罗列单词，而是更多站在考生的角度，如何精简词汇，减轻学生记忆负担，同时又囊括所有必备词汇；如何从近些年雅思考试变化的角度，精选高频词汇；如何打破单纯的背单词僵局，有效和雅思阅读统一替换的考点相结合。

　　本书特色：

　　1. 结合自制语料库，通过语料库检索，结合一线权威教师手工筛查的方式，精选出最高频的雅思阅读认知词汇，减轻记忆负担。

　　2. 结合雅思真题中的考点，列出必备同义替换，提升单词背诵效率。

　　3. 为便于使用，词汇按照剑桥 4－14 的顺序排版，考生也可把本书作为工具书使用。除列出的词汇外，其他做题中遇到的生词，可视为非考点词，不用重点识记。

　　4. 例句的编写，尽量做到除认知词汇外，不包含其他生词，减少考生的畏难情绪，同时便于考生在语境中记忆重点单词。

　　在启德，我们希望通过这样一种踏实严谨的学术态度，通过一线教师的精华汇总，给考生们提供一盏明灯，提供更精准的雅思词汇背诵指南。也希望这样一本学术作品可以发挥它的作用，助力更多考生雅思成功，实现留学梦。

李小涵

目录
Contents

丛书序

前言

List 1 剑桥 4

absorb
[əb'zɔːb]

vt. 吸收，吸引，承受，理解
Plants absord carbon dioxide from the air.
植物吸收空气中的二氧化碳。
同根 absorption *n.* 吸收，全神贯注
同义 digest *vt.* 消化，吸收

abstract
['æbstrækt]

adj. 抽象的，空洞的 *n.* 摘要
Numbers are abstract concepts.
数字是抽象的概念。
同根 abstraction *n.* 抽象
同义 summary *n.* 摘要

accessible
[ək'sesɪb(ə)l]

adj. 易接近的，可进入的，可理解的
It provides accessible data for different researchers.
它为不同的研究人员提供了可访问的数据。
同根 access *vt.* 使用，存取，接近

acoustic
[ə'kuːstɪk]

adj. 声学的，音响的，听觉的
The acoustic sense in whales is well-developed.
鲸的听觉是很发达的。
同义 hearing *n.* 听力

align
[ə'laɪn]

v. 结盟，排列
When war broke out, they aligned themselves with the rebel forces.
战争爆发以后，他们与叛军结了盟。
同根 alignment *n.* 结盟，排成直线
align oneself with ... 与……结盟

alter
[ˈɔːltə]

v. 更改

It has altered the way such achievements are viewed.
它改变了人们看待这些成就的方式。

同根 alternative n. 替代品 adj. 替代性的

同义 change v. 改变

apprentice
[əˈprentɪs]

n. 学徒

He started off as an apprentice and worked his way up.
他从学徒做起，然后一步一步做上来的。

同义 assistant n. 助手

autonomy
[ɔːˈtɒnəmi]

n. 自治

Teachers may diminish their gifted pupils' learning autonomy.
教师可能会降低他们有天赋的学生的学习自主权。

be consistent with

与……一致

These observations are consistent with the previous research.
这些观察结果与之前的研究结果一致。

同根 consistent adj. 始终如一的，前后一致的

同义 follow on 与……一致

brake
[breɪk]

n. 刹车，停止 v. 刹车

Illness had put a brake on his progress.
疾病中止了他的进展。

cetacean
[sɪˈteɪʃn]

n. 鲸类 adj. 鲸类的

Which of the senses is best developed in cetaceans?
在鲸类动物中，哪种感官最发达？

同义 whale n. 鲸

commentary
[ˈkɒmənt(ə)ri]

n. 评论，实况报道

They can always benefit from any additional commentary provided by an observer.
它们总是能从观察员提供的任何附加评论中受益。

同根 comment v. 评论 n. 评论

拓展 comment on 对……进行评论

compensate
['kɒmpenseɪt]

v. 弥补，补偿
Such weaknesses are compensated for by cetaceans' well-developed acoustic sense.
鲸目动物良好的听觉补偿了这些弱点。
同根 compensation n. 补偿
拓展 compensate for... 抵消……

concept
['kɒnsept]

n. 概念，观点
It illustrates the concept well.
它很好地诠释了概念。
同根 conceptual adj. 概念的
拓展 misconception n. 错误观念

courtship
['kɔːtʃɪp]

n. 求爱，求偶
Touching is part of the courtship ritual in most species.
触摸是大多数物种求偶仪式的一部分。
同根 court n. 法庭，球场
同义 mate v. 求爱

coverage
['kʌv(ə)rɪdʒ]

n. 报道
This is surprising considering the high level of media coverage on this issue.
媒体对这个问题高度关注，这件事令人惊讶。
同根 cover v. 覆盖，盖住

crust
[krʌst]

n. 地壳
The plates make up the earth's crust and mantle.
这些板块构成了地壳和地幔。

curriculum
[kəˈrɪkjʊləm]

n. 课程
复数 curricula
He likes the science curriculum.
他喜欢科学课程。

deem
[diːm]

v. 认为，相信
All our subjects deemed the earth round.
我们所有的实验对象都认为地球是圆的。
同义 think v. 认为
consider v. 认为

deficiency
[dɪ'fɪʃ(ə)nsi]

n. 缺乏，缺点，不足
The deficiencies in trace minerals can lead to injuries.
微量元素的缺乏会导致伤害。
(同根) deficient *adj.* 不足的，缺乏的
(同义) inadequate *adj.* 不足的

degenerate
[dɪ'dʒenəreit]

v. 退化，恶化
The nerves have degenerated.
神经已经退化。
(同根) generate *v.* 产生，造成
　　　degeneration *n.* 退化

despite
[dɪ'spaɪt]

prep. 尽管
Despite linguists' best efforts, many languages will disappear over the next century.
尽管语言学家做出了最大的努力，但许多语言仍将在下个世纪消失。
(同义) in spite of 尽管

destruction
[dɪ'strʌkʃ(ə)n]

n. 毁灭
The destruction of the rainforests is harmful to the environment.
破坏雨林是对环境的伤害。
(同根) destruct *n./v.* 毁灭
　　　destructive *adj.* 毁灭性的

deteriorate
[dɪ'tɪərɪəreit]

v. 恶化，变坏
The situation appears to have deteriorated.
情况似乎已经恶化。
(同根) deterioration *n.* 堕落

dire
['daɪə(r)]

adj. 可怕的，悲惨的
It may bring dire consequences.
它可能会带来可怕的后果。
(同根) direful *adj.* 悲惨的
(同义) terrible *adj.* 可怕的

distribution
[dɪstrɪ'bjuːʃ(ə)n]

n. 分发，分配
The distribution policy lowers the working efficiency.
分配政策降低了工作效率。
(同根) distribute *v.* 分配，散布

distributor *n.* 经销商

(同)(义) allocation *n.* 分发

assignment *n.* 分配

duplicate
[ˈdjuːplɪkeɪt]

n. **副本** *v.* **复制**

People tend to duplicate other people's success.
人们往往想要去复制其他人的成功。

(同)(根) duplication *n.* 副本

duplicable *adj.* 可复制的

(同)(义) copy *v.* 复制

replicate *v.* 重复

emit
[ɪˈmɪt]

v. **发出，发射**

The ozone layer blocks some harmful rays which the sun emits. 臭氧层阻挡了太阳发出的一些有害射线。

(同)(根) emission *n.* 排放

(拓)(展) zero-emission 零排放

(同)(义) deliver *v.* 发出

enquiry
[ɪnˈkwaɪri]

n. **询问，询盘**

People want to make an enquiry about the opening time. 人们想打听一下开门时间。

(同)(根) enquire *v.* 询问，调查

(同)(义) question *n.* 问题

erroneous
[ɪˈrəʊnɪəs]

adj. **错误的，不正确的**

Some people have the erroneous notion about protecting the environment.
一些人对于保护环境有错误的想法。

(同)(根) erroneousness *n.* 错误

(同)(义) false *adj.* 虚假的

inaccurate *adj.* 不正确的

exhaustible
[ɪgˈzɔːstəbl]

adj. **可被用尽的，会枯竭的**

People on earth should be fully aware that water resource is limited and exhaustible.
地球上的人们应该充分意识到水资源是有限的，是可耗尽的。

(同)(根) exhaust *v.* 排出，排气，耗尽

exhausted *adj.* 疲惫不堪的

explode
[ɪkˈspləʊd; ek-]

v. 爆炸，激增
The population explodes to 60,000 during the tourist season.
旅游季节人数激增至 6 万。
同根 explosive *adj.* 爆炸的
explosion *n.* 爆炸，爆发

---

extensive
[ɪkˈstensɪv; ek-]

adj. 广泛的，大量的
Environmental issues have been extensively researched in recent years.
环境问题近年来得到了广泛的研究。
同根 extend *v.* 延伸，扩大
extended *adj.* 延伸的
extension *n.* 延长，延期
同义 vast *adj.* 广泛的
substantial *adj.* 大量的

---

feed
[fi:d]

v. 吃东西，喂养，供给 *n.* 饲料
Silkworms feed on mulberry leaves.
蚕以桑叶为食。
同义 raise *v.* 饲养
eat *v.* 吃

---

finite
[ˈfaɪnaɪt]

n. 有限之物 *adj.* 有限的，限定的
There is a finite number of situations.
有几种有限的情况。
同根 definitely *adv.* 当然，明确地
同义 limited *adj.* 有限的

---

frequent
[ˈfri:kw(ə)nt]

adj. 频繁的，时常发生的
There are frequent contacts between the two companies.
两家公司之间交往频繁。
同根 frequency *n.* 频率，频繁
frequently *adv.* 频繁地，时常地

---

harbor
[ˈhɑ:bə]

n. 避难所，海港 *v.* 居住，怀有
People in this room can overlook the harbor.
这间屋子里面的人可以俯瞰港口。
同义 haven *n.* 港口

horizon
[hə'raɪzn]

n. 地平线

Living abroad can broaden students' horizons.

出国学习可以开拓学生视野。

同根 horizontally *adv.* 水平地，地平地

---

inch
[ɪn(t)ʃ]

v. 慢慢前进，缓慢移动 *n.* 英寸，少许

The ant inches forward.

这只蚂蚁缓缓前行。

---

incorporate
[ɪn'kɔːpəreɪt]

v. 合并，包含

Electric cars will incorporate a number of major improvements.

电动汽车将包含许多重大的改进。

同根 incorporation *n.* 包含，合并

incorporated *adj.* 组成公司的

同义 merge *v.* 合并

involve *v.* 包含

---

interface
['ɪntəfeɪs]

n. 界面，接口，接触面 *v.* 连接

The company devotes to the development of better user interfaces.

这家公司致力于开发更好的用户界面。

---

interpret
[ɪn'tɜːprɪt]

v. 说明，解释

It's difficult for pupils to interpret these statistics.

对于小学生来说理解这些数据是很难的。

同根 interpretation *n.* 解释，演绎

同义 explain *v.* 解释

---

isolate
['aɪsəleɪt]

v. 使隔离，使孤立

She is determined to isolate herself from her family.

她决心要跟家人割断联系。

同根 isolated *adj.* 孤立的

isolation *n.* 隔离，绝缘

---

mantle
['mænt(ə)l]

n. 地幔

The plates make up the earth's crust and mantle.

这些板块构成了地壳和地幔。

mineral
[ˈmɪn(ə)r(ə)l]

n. 矿物，汽水

Mineral water is beneficial to the human body.

矿泉水对人体有益。

同根 mine *n.* 矿，矿山，*v.* 开矿

拓展 mining *n.* 矿业，采矿

---

misconception
[mɪskənˈsepʃ(ə)n]

n. 误解，错觉

There is a common misconception about the job.

关于这个工作，有个常见的误解。

同根 conception *n.* 概念，设想，怀孕

同义 misunderstanding *n.* 误解

misinterpretation *n.* 误解

---

molten
[ˈməʊlt(ə)n]

adj. 熔化的，铸造的

The molten metal is poured into the mould.

这块熔化了的金属被倒入模子。

---

motion
[ˈməʊʃ(ə)n]

n. 动作，移动 *v.* 运动，打手势

He made a motion with his hand.

他用手做了一个动作。

同根 motif *n.* 主题，动机

拓展 motivated *adj.* 有动机的 *v.* 激发……的积极
性

motivation *n.* 动机，推动

---

multifaceted
[ˌmʌltiˈfæsɪtɪd]

adj. 多方面的，包罗万象的

He is a multifaceted performer.

他是一位多才多艺的表演者。

前缀 multi- 多

词根 facet *n.* 方面

---

notable
[ˈnəʊtəb(ə)l]

n. 名人 *adj.* 值得注意的，显著的，著名的

The book is one of the notable landmarks in the progress of modern science.

这部著作是现代科学发展史上著名的里程碑之一。

同根 note *n.* 笔记，票据，纸币

noted *adj.* 著名的，显著的

notably *adv.* 显著地

同义 famous *adj.* 著名的

prominent *adj.* 显著的

obligation
[ˌɒblɪˈɡeɪʃ(ə)n]

n. 义务，职责

Policemen feel that it is their obligation to help people in need.

警察觉得去帮助需要帮助的人是他们的义务。

（同根）oblige *v.* 迫使，强制，义务

obliged *adj.* 有义务的

obligatory *adj.* 义务的，必须的

（拓展）without obligation 无义务地

outline
[ˈaʊtlaɪn]

n. 大纲，轮廓 *v.* 概述

This is an outline of my survey findings.

这是我的调查结果的概要。

（同义）profile *n.* 轮廓

perimeter
[pəˈrɪmɪtə]

n. 周长，周边

The river marked the perimeter of the field.

这条河流标明了那块田地的周界。

plain
[pleɪn]

n. 平原 *adj.* 简单的，朴素的，清晰的

High mountains rise above the plain.

高山从平原拔地而起。

（同根）plainly *adv.* 坦率地，明白地

（同义）simple *adj.* 简单的

primarily
[ˈpraɪm(ə)rɪli; praɪˈmer-]

adv. 首先，主要地，根本上

The public order is primarily an urban problem.

公共秩序主要是一种城市问题。

（同根）primary *adj.* 主要的，初级的 *n.* 最主要者

prime *adj.* 主要的，最好的 *adv.* 极好地

v. 使准备好

（同义）firstly *adv.* 首先

mainly *adv.* 主要地

rebound
[rɪˈbaʊnd]

n. 回弹 *v.* 回升，弹回

Light will rebound from a shiny surface.

光遇到发亮的表面会反射回来。

（拓展）rebind *v.* 重新装订 *n.* 重新装订的书

release
[rɪˈliːs]

n. 释放，发布

v. 放走，释放，发射，允许发表

The release of chemicals will be cut by about 60 percent.

化学物的释放将被削减60%左右。

拓展 releasing v./n. 释放，排放

同义 send v. 发出

resemble
[rɪˈzemb(ə)l]

v. 类似，像

Scientists are looking for a life form that resembles us very much. 科学家正在寻找长得与我们非常相似的生命形式。

同根 resemblance n. 相似物，相似之处

同义 look like v. 长得像

ritual
[ˈrɪtʃʊəl]

n. 仪式，典礼

adj. 传统的，习惯性的

This is the most ancient Chinese wedding ritual.

这是最古老的中国婚礼仪式。

同根 rite n. 仪式，惯例，典礼

ritualistic adj. 仪式的，惯例的

同义 ceremony n. 仪式

convention n. 习俗

robust
[rə(ʊ)ˈbʌst]

adj. 强健的，健康的，粗野的

He is the robust one in the class.

他在班内是一个健壮的人。

同根 robustly adv. 粗鲁地，坚定地

同义 crude adj. 粗糙的

rudimentary
[ˌruːdɪˈmentri]

adj. 基本的，初步的，退化的

He had only rudimentary knowledge of English.

他只有最基本的英语知识。

同根 rudiment n. 雏形，基本原理

同义 fundamental adj. 基本的

elementary adj. 基本的

signify
[ˈsɪɡnɪfaɪ]

v. 表示，意味着，表达
It signifies that students have finished their learning time.
它代表学生们已经结束了他们的学习时光。
(同)(根) sign n. 迹象，符号 v. 签名，签署
significant adj. 重大的，有意义的
(同)(义) indicate v. 表示

---

species
[ˈspiːʃiːz；-ʃɪz；ˈspiːs-]

n. 物种，种类
Pandas are an endangered species.
大熊猫是一种濒危物种。
(同)(义) category n. 种类

---

stem
[stem]

n. 茎，干 v. 阻止，起源于某事物
All his problems stem from drink.
他所有的问题都是酗酒引起的。
(同)(义) prevent from 阻止

---

stereoscopic
[ˌsteriəˈskɒpɪk]

adj. 立体的，有立体感的
This is a stereoscopic image.
这是一个立体图像。
(同)(根) stereo-立体的，立体声的
(拓)(展) stereophonic adj. 立体声的

---

surge
[sɜːdʒ]

n. 大浪，巨涌 v. 激增，汹涌
A consumerist surge helped reshape traditional working-class culture.
消费主义的兴起重新塑造了传统的工薪阶层文化。

---

swiftly
[ˈswɪftli]

adv. 很快地，即刻
It passed too swiftly to be more than a shadow.
它飞快地游了过去，看上去不过是个黑影。
(同)(根) swift adj. 迅速的，敏捷的
(同)(义) promptly adv. 即刻

---

taste bud
[teɪst] [bʌd]

n. 味蕾
It links to its taste bud.
它连接着它的味蕾。
(同)(根) bud n. 萌芽 v. 发芽

trace
[treɪs]

n. 痕迹，踪迹 v. 追溯，追踪
The police are trying to trace the criminal.
警察试图查出这名罪犯。
同根 traceable adj. 可追踪的

track
[træk]

n. 轨道，足迹，小道
v. 追踪，通过，留住（气体，能量）
They thought they had better track this man and see where he lived.
他们认为最好跟踪这个人，并看看他住在哪里。

trap
[træp]

v. 诱捕，陷入困境 n. 陷阱，圈套
The train was trapped by a fire.
火车被一场大火困住了。
同义 pit n. 陷阱

turbid
[ˈtɜːbɪd]

adj. 浑浊的，混乱的
The river water became turbid these days.
河水这些天变得浑浊了。
同义 chaotic adj. 混乱的

ultimate
[ˈʌltɪmət]

n. 终极，根本 adj. 最终的，根本的
The ultimate decision lies with the winners.
最终的决定权握在获胜者的手里。
同根 ultimately adv. 最终，根本
同义 final adj. 最终的

unbiased
[ʌnˈbaɪəst]

adj. 公正的，无偏见的
There is no clear and unbiased information available for consumers.
没有清楚公正的信息提供给消费者。
同根 bias n. 偏见 v. 产生偏见
　　　biased adj. 有偏见的
同义 judicial adj. 公正的

utterance
[ˈʌt(ə)r(ə)ns]

n. 表达，说话，话语
These two utterances communicate the same message.
这两句话传递的是同样的信息。
同根 utter v. 发出（声音）adj. 完全的
同义 expression n. 表达

vexing
[ˈveksɪŋ]

adj. 令人烦恼的

It is really vexing to have to wait a long time for anyone.

不得不长时间等人真是一件令人苦恼的事。

同根 vex *v.* 使烦恼，使迷惑

vexed *adj.* 生气的，焦急的

vexatious *adj.* 令人烦恼的

同义 ailing *adj.* 状况不佳的

vivid
[ˈvɪvɪd]

adj. 生动的，鲜明的，鲜艳的

He still has a vivid memory of the war.

他仍然对战争有着清晰的印象。

同根 vividly *adv.* 生动地，强烈地

同义 bright *adj.* 鲜明的

accelerate
[ək'seləreɪt]

v. 使……加快，加速
Suddenly the car accelerated.
车突然加速了。
同根 acceleration n. 加速
同义 intensify v. 增强，强化

accompany
[ə'kʌmpəni]

v. 伴随，陪伴
She was accompanied by her husband.
她由她的丈夫陪着。
拓展 accompany with 伴随，随同

administer
[əd'mɪnɪstə]

v. 管理，给予，执行
Many of the subjects would administer a shock.
许多被试者将会发出电击。
同根 administration n. 管理，实施，行政机构
administrator n. 管理者

aggressive
[ə'gresɪv]

adj. 侵略性的，好斗的
Some children are much more aggressive than others.
一些孩子比其他孩子好斗得多。
同根 aggression n. 侵犯，进攻

altitude
['æltɪtjuːd]

n. 高地，高度
The airplane had reached its cruising altitude of about 39,000 feet.
飞机已达到约3.9万英尺的巡航高度。
同根 height n. 高度

all walks of life

n. 各行各业
These subjects are from all walks of life.
这些接受试验者来自各行各业。

analyze
['ænəˌlaɪz]

v. 分析，分解
We have to analyze those samples.
我们必须分析那些样本。
同根 analysis *n.* 分析，分解
analytical *adj.* 分析的

---

anticipate
[æn'tɪsɪpeɪt]

v. 预期，期望
It is hard to anticipate the result of our campaigning.
很难去预期我们活动的结果。
同根 anticipation 预感

---

artificial
[ɑːtɪ'fɪʃ(ə)l]

adj. 人造的，仿造的，虚伪的
The term "artificial intelligence" coined at a conference in 1956.
在 1956 年的会议上，"人工智能"这个词出现了。

---

aspiration
[æspə'reɪʃ(ə)n]

n. 渴望，抱负
Communities must achieve greater control over tourism, in order to balance their needs and aspirations with the demands of tourism.
社区必须在旅游方面取得更大控制权，以平衡他们的需求和愿望与旅游的需求。

---

auditory
['ɔːdɪt(ə)ri]

adj. 听觉的，耳朵的
n. 听众，礼堂
The child was performing better in auditory comprehension, verbal ability and language ability.
儿童在听力，言语交际能力和语言能力方面表现较好。
同义 acoustic *adj.* 听觉的
hearing *n.* 听力

---

balk
[bɔːlk; bɔːk]

v. 反对，阻止
n. 障碍
Even the undergraduates majored in biology may balk at animal experiments.
即使是生物专业的大学生都可能会反对动物实验。
同根 balky *adj.* 倔强的，不听使唤的
同义 obstacle *n.* 障碍

camouflage ['kæməflɑːʒ]	*n.* / *v.* 伪装，掩饰 He has never camouflaged his desire to better himself. 他从不掩饰自己上进的愿望。 同根 camouflaged *adj.* 伪装的 同义 disguise *v.* 伪装
cartography [kɑːˈtɒgrəfi]	*n.* 地图制作，制图法 同根 cartographic *adj.* 地图的，制图的
coin [kɔɪn]	*n.* 钱币，硬币 *v.* 杜撰，创造（新词，短语） The term "cardboard city" was coined to describe communities of homeless people living in a cardboard boxes. 人们创造了 cardboard city 一词，用来指居住在纸板棚里的无家可归者所聚集的地区。 同根 coiner 创造者 拓展 coincide *v.* 一致，同时发生 同义 invent *v.* 创造 create *v.* 创造
comedian [kəˈmiːdɪən]	*n.* 喜剧演员 He is one of the most famous comedians. 他是最有名的喜剧演员之一。 同根 comedy *n.* 喜剧，有趣的事情
compound ['kɒmpaʊnd]	*n.* 化合物，混合物 *adj.* 复合的 *v.* 加剧 Honey is basically a compound of water, two types of sugar, vitamins and enzymes. 蜂蜜主要是水、两种糖、维生素和酶的混合物。 同根 pound *n.* 英镑 *v.* 捣碎 同义 mixed *adj.* 混合的 hybrid *n.* 混合物
confer [kənˈfɜː]	*v.* 商议，授予（正式） He conferred with his colleagues in his office. 他和他的同事们在办公室里进行了交谈。 同根 conferrer *n.* 授予者 conference *n.* 会议，协商 同义 grant *v.* 授予

configuration
[kənˌfɪɡəˈreɪʃ(ə)n; -ɡjʊ-]

n. 配置，外形，结构
Stonehenge is an ancient configuration of giant stones.
巨石阵是一座古代巨石阵列。
同根 configure *v.* 安装，使成形
同义 framework *n.* 结构

consensus
[kənˈsensəs]

n. 共识，一致
The consensus among the world's scientists is that the world is likely to warm up over the next few decades.
全世界科学家的共识是地球可能在未来几十年中变暖。
同根 consent *n.* 同意，一致 *v.* 赞成
同义 accordance *n.* 一致
agreement *n.* 共识

considerable
[kənˈsɪd(ə)rəb(ə)l]

adj. 相当大的，重要的
He owns considerable real estate.
他拥有相当可观的房地产。
同根 consider *v.* 考虑
considerably *adv.* 相当地，非常
拓展 considerate *adj.* 体贴的
consideration *n.* 考虑，关心

cue
[kjuː]

n. 提示，触发事件 *v.* 提示
It serves as a cue for animals to migrate.
它是动物们迁移的一个提示。
拓展 clue *n.* 线索
同义 connotation *n.* 提示
implication *n.* 提示

delta
[ˈdeltə]

n. 三角洲
There is a delta in the mouth of the river.
河口地区形成了一个三角洲。

differentiate
[ˌdɪfəˈrenʃieɪt]

v. 区分，区别，差别
A child may not differentiate varieties of plants.
孩子可能不能区分各种不同的植物。
同根 differ *v.* 不同，有异议
differentiation *n.* 变异
同义 distinguish *v.* 区分

disparate

[ˈdɪsp(ə)rət]

adj. 不同的，多元的

It is a very disparate nation, with enormous regional differences.

这是一个有着巨大地区差异的多元化的国家。

(同根) disparity *n.* 不同，不一致

(同义) different *adj.* 不同的

diverse *adj.* 不同的

---

dub

[dʌb]

n. 鼓声 *v.* 配音，打击，把……称为

Today's session has been widely dubbed as a "make or break" meeting.

今天的会议被大家称为"不成则散"的会议。

(同根) dubbing *n./v.* 配音，译制

---

encapsulate

[ɪnˈkæpsjuleɪt]

v. 概括，压缩，形成胶囊

The editorial encapsulated the views of many people.

这篇社论概括了很多人的观点。

(同根) encapsulation *n.* 包装，封装

---

encompass

[ɪnˈkʌmpəs]

v. 包含，覆盖

The map shows the rest of the western region, encompassing nine states.

这幅地图显示了西部区域的其余部分，覆盖了9个州。

(同义) involve *v.* 包含

---

enormous

[ɪˈnɔːməs]

adj. 庞大的，巨大的

It has enormous consequences for our team.

这对我们队产生了巨大的影响。

(同根) enormously *adv.* 巨大地，非常

(拓展) enormity *n.* 暴行

(同义) tremendous *adj.* 巨大的

massive *adj.* 巨大的

---

ensure

[ɪnˈʃɔː; -ˈʃʊə; en-]

v. 保证，确保

We must ensure that all people have access to Internet.

我们必须确保所有的人都能够上网。

(同义) insure *v.* 确保

exacerbate
[ɪgˈzæsəbeɪt]

v. 恶化，加剧

The problem has been exacerbated by racial divisions.

这个问题因种族分裂而更加恶化了。

(同)(根) exacerbation *n*. 恶化，激怒

(同)(义) aggravate *v*. 加剧

exaggerate
[ɪgˈzædʒəreɪt; eg-]

v. 夸大

People think he is exaggerating.

人们认为他在夸大其词。

(同)(根) exaggeration *n*. 夸张

(同)(义) enlarge *v*. 夸大

flower
[ˈflaʊə]

n. 花 *v*. 成熟，开花

These roses will flower this year for the first time.

这些玫瑰今年将第一次开花。

(同)(根) flowery *adj*. 多花的，华丽的

flowerless *adj*. 无花的

(同)(义) bloom *v*. 开花

for the sake of

为了

She called on us merely for the sake of courtesy.

她来访只是出于礼貌。

forgo
[fɔːˈgəʊ; fə-]

v. 放弃，停止

She told the press that she was willing to forgo the privilege.

她对媒体说自己愿意放弃这个特权。

(同)(根) forego *v*. 放弃

foregoing *adj*. 前面的，在前的

(同)(义) quit *v*. 放弃

fragile
[ˈfrædʒaɪl]

adj. 脆弱的，易碎的

He sits in his fragile chair.

他坐在他那把不结实的椅子上。

(同)(根) fragility *n*. 脆弱，虚弱

(同)(义) delicate *adj*. 脆弱的

germinate
['dʒɜːmɪneɪt]

v. 发芽，生长
Seeds germinate in the spring.
种子在春天发芽。
同根 germination n. 发芽
同义 grow v. 生长

govern
['gʌv(ə)n]

v. 管理，支配，控制
People tend to choose the people they want to govern their country.
人们倾向于去选出他们希望的人来治理国家。
同根 government n. 政府
governor n. 统治者，管理者
同义 manage v. 管理

heyday
['heɪdei]

n. 全盛期
The 20th century was the heyday of feminism.
20 世纪是女权主义的全盛时期。

horticulture
['hɔːtɪˌkʌltʃə]

n. 园艺，园艺学
Britain has a long tradition of horticulture.
在英国，园艺是个源远流长的传统。
同根 horticultural adj. 园艺的
horticulturist n. 园艺家
同义 gardening n. 园艺

illustrate
['ɪləstreɪt]

v. 阐明，图解
Here is another example to illustrate this point.
有另一个例子来阐明这一点。
同根 illustration n. 插图，例证
illustrative adj. 解说的
同义 clarify v. 图解
cite an example 举例

impose
[ɪm'pəʊz]

v. 利用，征税，强加，施加影响
It is suggested that high tax penalty should be imposed on unhealthy food.
根据建议，应该对不健康食物征收高的税收惩罚。
拓展 impose... on sb. 把……强加于……；强制实行
同义 force v. 强加
levy tax 征税

inhabitant
[ɪnˈhæbɪt(ə)nt]

n. 居民，居住者

At that time, the inhabitants of the island had experienced a hard time.

那个时间，这个岛上的居民经历了一段困难时刻。

(同)(根) inhabit v 居住，栖息

inhabitable adj. 可居住的

habitation n. 居住，栖息

(同)(义) resident n. 居民

dweller n. 居住者

installment
[ɪnˈstɔːlmənt]

n. 安装，分期付款

(同)(根) install v. 安装，任命

installation n. 就职，装置

(同)(义) payment n. 支付

interaction
[ɪntərˈækʃ(ə)n]

n. 互动，相互作用

Learning exclusively will affect students' interaction.

只专注学习会影响学生之间的互动。

(同)(根) interact v. 互相作用 n. 幕间休息

interactive adj. 交互式的，相互作用的

(同)(义) mutual effect 相互作用

internal
[ɪnˈtɜːn(ə)l]

adj. 内部的，内在的，国内的

Every country has the right to control over their own internal affairs.

每个国家都有权管辖他们自己的内部事务。

(同)(根) internally adv. 国内地，内在地

(拓)(展) intern n. 实习生 v. 扣押

(同)(义) inner adj. 内部的

domestic adj. 国内的

keen
[kiːn]

adj. 敏锐的，渴望的，热心的
v. 唱挽歌，恸哭

Sharks have a keen auditory ability.

鲨鱼有非常敏锐的听觉。

(同)(根) keenly adv. 敏锐地，强烈地

keenness n. 敏锐

(同)(义) acute adj. 敏锐的

eager adj. 渴望的

launch
[lɔ:ntʃ]

n. 发射，发行 *v.* 发起，发射，下水

（同根）launcher *n.* 发射器，发射台

（同义）release *v.* 发射

emission *n.* 发射

literary
['lɪt(ə) (rə) ri]

adj. 文学的，书面的

Many writers often contribute to the famous literary journal.

许多作家经常在这个有名的文学刊物上投稿。

（同根）literate *adj.* 受过教育的 *n.* 学者

literacy *n.* 读写能力

literature *n.* 文学，文献

malevolent
[mə'lev(ə)l(ə)nt]

adj. 恶毒的，有恶意的

Her stare was malevolent.

她的目光充满敌意。

（同根）malevolence *n.* 怨恨，恶意

（拓展）malice *n.* 恶意，怨恨

malicious *adj.* 恶意的，怀恨的

（同义）vicious *adj.* 恶毒的

maximum
['mæksɪməm]

n. 最大值

adj. 最大的，最高的

adv. 最多

The law provides for a maximum of two years in prison.

法律规定监禁最长两年。

（同根）maximal *adj.* 最高的，最大的

maximize *v.* 达到最大值，使……最大化

（同义）highest *adj.* 最高的

supreme *adj.* 最高的，至高无上的

peak *n.* 顶点

merge
[mɜ:dʒ]

v. 合并，兼并

The companies are about to merge next year.

这几家公司明年将要合并。

（同根）merger *n.* 合并，并购

（拓展）merge... with... (使) 合并

（同义）incorporate *v.* 包含

neural
[ˈnjʊərəl]

adj. 神经的

Some people suffered severe neural damage as a result of the vaccination.

有些人接种这种疫苗后神经受到严重损伤。

拓展 neurobiological *adj.* 神经生物学的

---

overcome
[əʊvəˈkʌm]

v. 克服，困扰

People can overcome their shortcomings.

人们可以克服自身的缺点。

同根 overcomer *n.* 得胜者

同义 conquer *v.* 克服

surmount *v.* 克服

---

overstate
[əʊvəˈsteɪt]

v. 夸张，夸大

The journalists overstated the environmental situation.

记者们夸大了环境现状。

同根 state *v.* 陈述

overstatement *n.* 夸大陈述

同义 exaggerate *v.* 夸张

---

overwhelming
[ˌəʊvəˈwelmɪŋ]

adj. 压倒性的

She felt an overwhelming desire to be the top athlete.

她有种强烈的渴望，希望成为顶尖运动员。

同根 overwhelm *v.* 压倒，淹没

overwhelmingly *adv.* 压倒性地

---

peak
[piːk]

n. 顶峰，山峰 *adj.* 峰值的，高峰的

At peak times, it's always crowded.

在高峰期总是很拥挤。

同根 peaky *adj.* 多峰的

同义 maximum *n.* 最高值

top *adj.* 高峰的

highest *adj.* 峰值的

---

pension
[ˈpenʃ(ə)n]

n. 退休金，津贴 *v.* 给予……养老金

The old can have a pension after their retirement age.

老年人在过了退休年龄后可以领取养老金。

同根 pensioner *n.* 领养老金者

pensionable *adj.* 可领退休金的

同义 subsidy *n.* 津贴

phenomenal
[fəˈnɒmɪnl]

adj. **现象的，显著的，非凡的**
These birds are growing at a phenomenal rate.
这些鸟正在以惊人的速度生长。
同根 phenomenon *n.* 现象
同义 obvious *adj.* 显著的
　　 prominent *adj.* 重要的

poise
[pɒɪz]

n. **镇静，镇定** *v.* **平衡**
What amazed him even more than her appearance was her poise.
比她的长相更让他惊讶的是她的沉着镇定。
同根 poised *adj.* 镇定的，平静的
同义 balance *v.* 平衡

practically
[ˈpræktɪk(ə)li]

adv. **实际地，几乎**
He'd known the old man practically all his life.
他几乎从小就认识那位老人。
同根 practice *n.* 练习，实践 *v.* 实习
　　 practical *adj.* 实际的，实用性的
　　 practicable *adj.* 可用的，可实行的
同义 actually *adv.* 实际地

press
[pres]

n. **按压，报纸** *v.* **按压，推**
Press the red button and it will ring.
按下红色的按钮，它就会响。
同根 pressing *adj.* 迫切的，紧迫的
拓展 pressure *n.* 压力，压迫
同义 push *v.* 按压

prevail
[prɪˈveɪl]

v. **占上风，盛行，获胜**
This situation also prevails in China.
这个情况在中国也很普遍。
同根 prevailing *adj.* 流行的，占优势的
同义 win *v.* 获胜

previous
[ˈpriːvɪəs]

adj. **以前的，早先的**
People should learn a lesson from previous mistakes.
人们应该从之前的错误中吸取教训。
同根 previously *adv.* 以前，预先
同义 original *adj.* 早先的

primal
['praɪml]

adj. 原始的，最初的，主要的
Anger is a primal emotion.
愤怒是一种原始情感。
同根 prime *adj.* 主要的，最好的
　　　primary *adj.* 初级的，基本的
拓展 primeval *adj.* 原始的，远古的
同义 major *adj.* 主要的

psychiatrist
[saɪ'kaɪətrɪst]

n. 精神病医生
His wife is a psychiatrist.
他的妻子是一个精神病医生。
同根 psychic *adj.* 精神的，心灵的
　　　psychiatric *adj.* 精神病学的
　　　psychologist *n.* 心理学家

psychic
['saɪkɪk]

adj. 心灵的，精神的，通灵的，有特异功能的
Some people declared their total belief in psychic phenomena.
一些人宣称他们完全相信通灵现象。
同根 psyche *n.* 灵魂，心智
　　　psychiatry *n.* 精神病学
同义 mental *adj.* 心灵的
　　　spiritual *adj.* 精神的

pump
[pʌmp]

n. 泵 *v.* 抽送
There is a pump in the courtyard.
院子里有一个水泵。

punchline
['pʌntʃlaɪn]

n. 妙语如珠，结尾警句
Something said or done to evoke laughter or amusement, especially an amusing story with a punchline.
指为了引人发笑或逗乐而说的话或做的事，尤指一个妙语连珠的有趣故事。

puncture
['pʌŋ(k)tʃə]

v. 扎破，刺破 *n.* 刺孔
The bullet punctured the bone.
子弹射穿了骨头。
同义 cut through 刺破

quotation
[kwəʊˈteɪʃn]

n. 报价，引语
Here are the quotations from Shakespeare.
下面引用了莎士比亚的话。
同根 quote v. 引用，报价 n. 报价
    quotable adj. 可引用的
同义 citing n. 引用

radically
[ˈrædɪkəli]

adv. 根本上，彻底地
Social media radically changed our thinking about life.
社交媒体从根本上改变了我们对生活的看法。
同根 radical adj. 激进的，根本的
    radicalism n. 激进主义
同义 thoroughly adv. 彻底地
    entirely adv. 完全地

rare
[reə]

adj. 稀有的，极好的，半熟的
It has become one of the rarest species in the world.
它已经成为世界上最稀有的物种之一了。
同根 rarely adv. 罕见地
拓展 rarefy v. 使变稀薄，纯化
同义 thin adj. 稀少的

renaissance
[rɪˈneɪsəns]

n. 文艺复兴
Short stories are experiencing a renaissance.
短篇小说正在经历复兴。
同义 revival adj. 复兴的
    renewal adj. 复兴的

restrict
[rɪˈstrɪkt]

v. 限制，限定
Prisoners are restricted to the buildings.
犯人们被限制在这些楼内活动。
同根 restriction n. 限制
    restricted adj. 受限制的，保密的
同义 block v. 限制

scour
[ˈskaʊə]

v. 四处搜索，擦洗
Rescue crews had scoured an area of 30 square miles.
救援人员已经搜遍了30平方英里的范围。
同义 wash v. 擦洗

sediment
['sedɪm(ə)nt]

n. 沉淀物，沉积
These organisms are buried by sediment.
这些生物被沉淀物所掩埋。
(同)(根) sedimentary adj. 沉淀的
(同)(义) deposit n. 沉积
　　precipitation n. 沉淀物

shade
[ʃeɪd]

n. 色调，阴凉处，投影 v. 遮蔽
Trees provide shade for people in summer.
夏天，树给人们提供阴凉。
(同)(根) shady adj. 阴暗的
(拓)(展) shadow n. 阴影，背阴，遮住

skepticism
['skeptɪsɪzəm]

n. 怀疑论
We should have the scientific skepticism.
我们应该有科学的怀疑态度。
(同)(根) skeptic n. 怀疑者，无神论者
　　skeptical adj. 怀疑的

status
['steɪtəs]

n. 地位，情形，身份
People of higher status tend to send their children to private schools.
社会地位较高的人倾向于把孩子送去私立学校。

stride
[straɪd]

n. 大步 v. 大步走，进步
The man came striding across a field.
这个人穿过一块田地，大步走来。

sub-discipline
[sʌb'disiplin]

n. 学科分支
It has become an important sub-discipline within computer science.
它已经成为计算机科学中的一个重要分支学科。
(同)(根) discipline n. 学科，纪律 v. 训练
(拓)(展) sub- 在……下面，次于……

substantial
[səb'stænʃ(ə)l]

adj. 大量的，很大程度上的
Substantial evidence exists to support the opinion.
大量证据支持这个观点。
(同)(根) substance n. 物质，资产
　　substantive adj. 实质性的
(同)(义) massive adj. 大量的

superiority
[suːˌpɪərɪˈɒrɪtɪ; sjuː-]

n. 优越，优势
We have air superiority.
我们有空中优势。
同根 superior *adj.* 优秀的，上级的 *n.* 上级，长官
同义 edge *n.* 优势
advantage *n.* 优势

surrender
[səˈrendə]

v. 投降，屈服，放弃
The millionaire surrendered all rights to his property and donated it to the charity.
百万富翁放弃了所有财产，捐献给了慈善机构。
同义 quit *v.* 放弃
submit *v.* 投降

tip of (the) iceberg

n. 冰山一角，事情的表面部分
It is only a tip of the iceberg.
这仅仅是冰山一角。
同根 iceberg *n.* 冰山

tolerant
[ˈtɒl(ə)r(ə)nt]

adj. 宽容的，容忍的，能耐……的
Some plants are more tolerant of dry conditions.
有些植物更耐干旱。
同根 tolerate *v.* 忍受，默许
tolerable *adj.* 可容忍的
tolerance *n.* 容忍，宽容
同义 good-tempered *adj.* 宽容的，好脾气的

trait
[treɪt]

n. 特点，特征
People have different personality traits.
人们有不同的个性特质。
同义 quality *n.* 特点

transit
[ˈtrænsɪt]

n. 运输，中转的地方
The two majors discussed the transit of goods between the two provinces.
两位省长讨论了两省之间货物的运输。
同根 transition *n.* 过渡，转变
transitional *adj.* 变迁的，过渡期的
transitive *adj.* 过渡的，及物的

（同）（义） carriage *n*. 运输、马车
freight *n*. 货运
transport *n*. 运输

unparalleled
[ʌn'pærəleld]

adj. 无比的，前所未有的
The country is facing a crisis unparalleled.
国家正面临着前所未有的危机。
（同）（根） parallel *n*. 平行线
（同）（义） incomparable *adj*. 无比的
matchless *adj*. 无比的

vegetative
['vedʒɪtətɪv; -teɪtɪv]

adj. 植物人的，植物的
She was described as a vegetative state.
她处于一种被称为植物人的状态。
（同）（根） vegetate *v*. 生长
vegetable *adj*. 蔬菜的 *n*. 蔬菜，植物
vegetation *n*. 植被，植物

yet
[jet]

adv. 仍然，已经(疑问句中)，尚/还(否定句中)
They haven't finished homework yet.
他们还没有完成作业。
（拓）（展） have yet to 还（不曾……）
（同）（义） already *adv*. 已经

List 3 剑桥 6

abandon
[ə'bænd(ə)n]

v. 抛弃，放弃

As a baby, he'd been abandoned by his mother.

他在襁褓之中就被母亲遗弃了。

同义 give up *v.* 放弃

affiliation
[əfɪlɪ'eɪʃ(ə)n]

v. 友好关系，联盟，紧密联系

The kidnappers had no affiliation with any militant group.

这些绑架者与任何军事组织都没有紧密联系。

同根 affiliate *v.* 附属，参加 *n.* 隶属的机构

拓展 have an affiliation with ... 与……紧密联系

同义 alliance *n.* 同盟

union *n.* 联合

league *n.* 联盟

Buddhism
['bʊdɪz(ə)m]

n. 佛教

Buddhism is still popular in some parts of the world.

佛教在世界的一些地方仍然很受欢迎。

同根 1 Buddhist *n.* 佛教徒

同根 2 Buddha *n.* 佛像

assertiveness
[ə'sɜːtɪvnəs]

n. 魄力，自信

Her assertiveness was starting to be seen as arrogance.

她的自信已开始被认为是自负了。

同根 assert *v.* 维护，坚持，断言

assertive *adj.* 坚定自信的，肯定的，独断的

同义 self-confidence *n.* 自信

autonomous
[ɔːˈtɒnəməs]

adj. 自治的，自主的，自发的

Fostering learner autonomy is one of the most important goals in language teaching.

自主学习能力的培养是语言教学的最主要目标之一。

（同）（根） autonomy *n.* 自治

（拓）（展） learner autonomy 自主学习

bonus
[ˈbəʊnəs]

n. 奖金，红利

Employees will get higher bonus if they work longer in a company.

如果在一家公司工作时间足够长，员工有可能得到更多奖金。

bureaucratic
[ˌbjʊərəˈkrætɪk]

adj. 官僚的

The cornpany will be inefficient if it is highly bureaucratic.

如果官僚主义严重，公司效率会很低下。

（同）（根） bureaucrat *n.* 官僚

bureaucracy *n.* 官僚主义

clerical
[ˈklerɪk(ə)l]

adj. 牧师的，办公室工作的

He prefers to have a clerical assistant.

他更想有个文职秘书。

（同）（根） clerk *n.* 职员，店员，书记

clergy *n.* 神职人员，牧师

collaborate
[kəˈlæbəreɪt]

v. 合作，勾结

Two writers collaborated on the script for the film.

两位作家合写了这部电影的剧本。

（同）（根） collaborative *adj.* 合作的，协作的

collaboration *n.* 合作，勾结

（拓）（展） collaborate with 与……合作

（同）（义） team *v.* 合作

complex
[ˈkɒmpleks]

adj. 合成的，复杂的 *n.* 建筑群

It's a very complex issue and there is no straightforward answer.

这个问题错综复杂，并且没有简单直接的答案。

（同）（根） complexity *n.* 复杂，复杂性

（同）（义） sophisticated *adj.* 复杂的

intricate *adj.* 复杂的

correlation
[ˌkɒrə'leɪʃ(ə)n]

n. 相关，关联
There's a high correlation between physical exercise and health.
运动和健康有密切的关系。
(同)(根) correlate *v.* 关联 *n.* 关联物
correlative *adj.* 相互的
(同)(义) relationship *n.* 关系
association *n.* 关联
relevance *n.* 相关

credibility
[kredɪ'bɪlɪti]

v. 可靠性
These errors in the report undermine its credibility.
这些报告中的错误削弱了它的可信度。
(同)(根) credible *adj.* 可信的，可靠的
credibly *adv.* 可靠地
credence *n.* 信任，凭证
(同)(义) authenticity *n.* 可靠性

democratic
[demə'krætɪk]

adj. 民主的
People tend to accept the results of a democratic election.
人民往往能接受民主选举的结果。
(同)(根) democracy *n.* 民主
democrat *n.* 民主党人
democratize *v.* 民主化，大众化

depress
[dɪ'pres]

v. 压抑，使沮丧
The policy depresses me.
这个政策令我沮丧。
(同)(根) depressed *adj.* 沮丧的 *v.* 使沮丧
depression *n.* 沮丧

digital
['dɪdʒɪt(ə)l]

adj. 数字的，数码的
Young people prefer the digital cameras.
年轻人更喜欢数码相机。
(同)(根) digit *n.* 数字
(同)(义) numerical *adj.* 数字的

disproportionate
[ˌdɪsprəˈpɔːʃənət]

adj. 不成比例的
There are a disproportionate number of boys in the class.
班级里男生数量不成比例。
同根 proportionate *adj.* 成比例的，适当的
proportionately *adv.* 成比例地

distinguish
[dɪˈstɪŋgwɪʃ]

v. 区分，辨别
Children should learn how to distinguish right from wrong at an early age.
孩子们应该从小学会如何明辨是非。
同根 distinguished *adj.* 卓越的
同义 differentiate *v.* 区分
tell *v.* 区分

distribute
[dɪˈstrɪbjuːt; ˈdɪstrɪbjuːt]

v. 分发，分配
The food will be distributed free to local people.
这些食物将免费发放给当地人民。
同根 distribution *n.* 分发
同义 give *v.* 分发

documentary
[dɒkjʊˈment(ə)ri]

n. 纪录片 *adj.* 文件的
They showed a documentary on marine animals.
他们放映了一部关于海洋动物的纪录片。
同根 document *n.* 文件
同义 paper *n.* 文件

domestic
[dəˈmestɪk]

adj. 国内的，家庭的，驯养的
People nowadays are buying more and more domestic appliances.
如今人们会买越来越多的家电。
同义 home *adj.* 家庭的

embed
[ɪmˈbed]

v. 把……埋入
The value is deeply embedded in people's hearts in modern society.
这个价值观深深地根植于现代社会的人们心中。
拓展 be embedded in 使根深蒂固

emblazon
[ɪmˈbleɪzn]

v. 装饰
Trees are emblazoned with decorations.
树上有很多装饰。
同义 decorate *v.* 装饰

emission
[ɪˈmɪʃ(ə)n]

n. 排放，射出
Environmentalists call for a substantial reduction in the emission of greenhouse gases.
环境保护学家要求减少温室气体的排放。
同根 emit v. 排放
同义 release n. 排放

escalate
[ˈeskəleɪt]

v. 扩大，加剧
After unemployed, his financial problems escalated.
失业后，他的经济问题更是雪上加霜。
同根 escalation n. 扩大，增加

ethereal
[iˈθɪəriəl]

adj. 轻飘的，优雅的
She's the most ethereal romantic heroine in the movies.
她是电影中最优雅浪漫的女主角。
同根 real adj. 真实的

ethical
[ˈeθɪk(ə)l]

adj. 道德的
It is ethical to link tax policy with party fund-raising.
将税收政策与收入联系起来是道德的。
同义 moral adj. 道德的

explicit
[ɪkˈsplɪsɪt]

adj. 明确的
She gave me explicit directions how to get the station.
她告诉我从这里怎么到车站的明确方向。
同根 explicitly adv. 明确地

explosion
[ɪkˈspləʊʒ(ə)n]

n. 爆炸，激增，(情感) 爆发
The government should take measures to halt the population explosion.
政府需要采取措施来抑制人口激增。
同根 explode v. 爆炸，激增

extravagance
[ɪkˈstrævəgəns]

n. 奢侈，奢侈品
Perfume and champagne are the extravagance I will award myself.
香水和香槟是我犒劳自己的奢侈品。
同根 extravagant adj. 浪费的
同义 waste n. 奢侈

in favor of

支持
People are all in favor of solar energy.
人们完全支持太阳能。

freight
[freɪt]

n. 货物，货运
The goods will be sent by sea freight.
这些货会通过海运运输。
同义 merchandise n. 货物

halve
[hɑːv]

v. 使减半
The size of the library has been halved.
图书馆的面积减半了。
同根 half n. 一半
同义 50%

hormone
['hɔːməʊn]

n. 荷尔蒙
This will help burn off the stress hormones in your body.
这有助于消除体内的压力荷尔蒙。

immune
[ɪ'mjuːn]

adj. 免疫的，不受影响的
Some insects are immune to pesticide.
一些昆虫对杀虫剂有了免疫力。
同根 immunity n. 免疫
同义 insusceptible adj. 不受……影响的

incongruous
[ɪn'kɒŋgruəs]

adj. 不协调的，不一致的
The new library looked incongruous in the village.
这个新的图书馆在村里显得很不协调。
同义 inconsistent adj. 不一致的
　　　inappropriate adj. 不合适的

insulin
['ɪnsjʊlɪn]

n. 胰岛素
People suffering from diabetes have to have insulin injections.
糖尿病患者必须注射胰岛素。

longevity
[lɒn'dʒevɪti]

n. 长寿
Leading a healthy lifestyle contributes to the longevity.
健康的生活方式是长寿的原因之一。
同根 1 long adj. 长的
同根 2 longevous adj. 长寿的

manipulative
[mə'nɪpjʊlətɪv]

adj. 有控制欲的，操纵的
As a leader, she was manipulative.
作为一个领导，她喜欢控制他人。
（同）（根）manipulate *v.* 操纵，控制
manipulation *n.* 操纵

moderately
['mɒd(ə)rətli]

adv. 适度地，有节制地
Eating moderately is beneficial to your physical health.
有节制的饮食有益于你的健康。
（同）（根）moderate *adj.* 适度的

mortality
[mɔː'tælɪti]

n. 死亡率
Infant mortality was extremely high in the past.
过去孩子的死亡率极高。
（同）（根）mortal *adj.* 致命的，致死的 *n.* 普通人
immortality *n.* 不朽

onslaught
['ɒnslɔːt]

n. 猛攻，攻击
There is constant onslaught of ads on TV.
电视上有大量连续不断的广告。
（同）（根）slaughter *n.* 屠杀

out of question

的确，毫无疑问
His honesty is out of question.
他的诚实是毫无疑问的。

output
['aʊtpʊt]

n. 产量
Chinese manufacturing output increased greatly last year.
去年中国制造业的产量有很大提高。
（拓）（展）input *n.* 投入，输入
（同）（义）produce *n.* 产量

paramount
['pærəmaʊnt]

adj. 最高的，首要的
Lowering the criminal rate is of paramount importance.
降低犯罪率是当务之急。
（同）（根）mount *n.* 山峰 *v.* 增加
paramountly *adv.* 最高地
（同）（义）dominant *adj.* 首要的

perceive
[pə'siːv]

v. 认为
Women's magazines are often perceived to be superficial.
人们往往认为女性杂志内容肤浅。
(同)(义) understand *v.* 认为

personalize
['pɜːsənəlaɪz]

v. 使个性化
It allows you to personalize the needs by adding a greeting.
你可以通过添加问候语使需求更加个性化。
(同)(根) personal *adj.* 个人的
personalization *n.* 个性化

pharmaceutical
[ˌfɑːmə'suːtɪk(ə)l]

adj. 制药的 *n.* 药物，药品
The pharmaceutical industry is highly-profitable.
制药业利润丰厚。
(同)(义) medicine *n.* 药品
pharmacy *n.* 药物

physician
[fɪ'zɪʃ(ə)n]

n. 医生（内科）
He wants to be a physician after graduation.
他毕业后想成为一位内科医生。
(同)(义) doctor *n.* 医生

pick
[pɪk]

v. 采摘
There are fourteen stages in the procedure from when the fresh produce is picked to when the canned pears are distributed.
从新鲜农产品的采摘到梨罐头的分发，全部过程分为 14 个阶段。

preference
['pref(ə)r(ə)ns]

n. 偏爱，优先
Women have a preference for comfortable shoes over high heels.
比起高跟鞋，女性更喜欢舒适的鞋子。
(同)(根) prefer *v.* 偏爱

prescribe
[prɪ'skraɪb]

v. 开药，规定
Physicians diagnose the disease and prescribe the medication for their patients.
内科医生诊断疾病并为病人开药方。
(同)(根) scribe *n.* 抄写员
prescription *n.* 处方，药方

process
['prəʊses]

n. 步骤，过程，进程，制作方法
v. 处理，加工（食品或原料），冲洗（底片）
We're still in the learning process.
我们还处在学习阶段。
同根 procession n. 队伍

---

profile
['prəʊfaɪl]

n. 轮廓，侧面，大众的注意
An increasing number of women are in high-profile positions in the business.
在备受注目的商业职位上，女性的数量在逐渐增长。
同根 file n. 文件夹，档案

---

prototype
['prəʊtətaɪp]

n. 原型
Making a prototype costs a lot.
制作原型需要花很多钱。
同根 prototypal adj. 原型的
拓展 stereotype n. 成见 v. 对……有成见
同义 model n. 模型

---

publicize
['pʌblɪsaɪz]

v. 公布，宣传
The company publicizes its new product on television.
这家公司在电视上宣传自己的新产品。
同根 public adj. 民众的，公共的 n. 公众
publication n. 发表，出版物
publicity n. 宣传
同义 announce v. 公布

---

qualify
['kwɒlɪfaɪ]

v. 使合格，有权
Women has qualified for maternity leave in modern society.
在现代社会，女性有权利享受产假。
同根 quality n. 品质，质量
qualification n. 资格证明

---

regimen
['redʒɪmən]

n. 生活规则，养生法
People will have a longevity under such a regimen.
如此养生，人们肯定可以长寿。

---

relic
['relɪk]

n. 遗迹，纪念物，遗体
They are the relics of the plane.
它们是这架飞机的遗骸。

replicate
['replɪkeɪt]

v. 重复，复制，再造

Scientists attempt to replicate the original cell.

科学家们试图复制最初的细胞。

同根 replication n. 复制

同义 duplicate v. 复制

　　　copy v. 重复

resolve
[rɪ'zɒlv]

v. 解决，决定 n. 决心

As technology advances, this problem will be resolved.

随着科技的进步，这个问题会得到解决。

同根 solve v. 解决

同义 resolution n. 解决

sector
['sektə]

n. 部门，领域，行业

The industrial sector boosted economic development in the past.

在过去，工业促进了经济的发展。

同义 aspect n. 部门

sensor
['sensə]

n. 传感器

The equipment has a heat sensor.

该设备中有一个热传感器。

同根 sense v. 感觉到；意识到；觉察出

同义 device n. 装置

skyrocket
[skaɪrɒkɪt]

v. 突升，飞涨

Housing prices have skyrocketed in recent days.

近些天房价飞涨。

同义 rise v. 上升

suburb
['sʌbɜːb]

n. 城郊，郊区

On weekends, people usually go sightseeing in the suburbs of the city.

在周末，人们一般去城郊游玩。

同根 suburbanize v. 使……郊区化

拓展 residential district 居住区

　　　countryside 乡村

tablet
['tæblɪt]

n. 药片，碑，写字板

She has to take a sleeping tablet before sleep.

睡前她必须吃一片安眠药。

同义 dose *n*.（药物的）一剂

wordpad *n*. 写字板

tariff
['tærɪf]

n. 关税

The unreasonable tariff system is harmful for both countries.

不合理的关税制度对两个国家都不利。

同义 tax *n*. 税

tease out
[tiːz] [aʊt]

v. 套出（真相），套取（资讯），（用手指）梳理

It is hard to tease the truth out of him.

从他嘴里套出真相非常困难。

同根 tease *v*. 戏弄，取笑

transmit
[trænz'mɪt; trɑːnz-; -ns-]

v. 传递，传播，发射

Certain diseases are transmitted from one generation to the next.

某些疾病是世代遗传的。

同根 transmission *n*. 播送，传播

tremendous
[trɪ'mendəs]

adj. 巨大的，极好的

That is tremendous.

那真是太好了。

同义 extraordinary *adj*. 极好的

unobtrusive
[ˌʌnəb'truːsɪv]

adj. 不引人注目的

It looks unobtrusive and natural-looking.

它看起来不突兀，而且很清新。

同根 obtrusive *adj*. 刺眼的

unworthy
[ʌn'wɜːði]

adj. 无价值的，不光彩的，拙劣的

You may feel unworthy of the attention and help people offer you.

你可能觉得自己不值得别人的关心和帮助。

同根 worthy *adj*. 值得尊敬的

同义 undeserving *adj*. 不配的

valid
[ˈvælɪd]

adj. 合理的，有效的，有法律效力的

This contract is still valid.

合同依旧有法律效力。

拓展 invalid *adj.* 无效的

同义 legal *adj.* 合法的

---

victim
[ˈvɪktɪm]

n. 受害者，牺牲品

Treating juvenile and adult criminals differently may hurt victims' feelings.

区别对待未成年罪犯和成年罪犯可能会伤害受害者的感情。

---

volume
[ˈvɒljuːm]

n. 容积，体积，总数，音量，卷

Please turn the volume down.

请把音量调低些。

同义 amount *n.* 数量

accountability
[əˌkaʊntəˈbɪlɪti]

n. 有责任，有义务

Such projects must be built to higher specifications and with more accountability to local people and their environment than in the past.

这些项目必须按照更高的规格建造，并比过去对当地人民及其环境承担更多的责任。

(同根) account *n*. 账户，报告，原因
(拓展) on account of 由于，因为
(同义) responsibility *n*. 义务

---

bear
[beə]

v. 忍受，经受，带有，开花，结（果实）
n. 熊

The pillar bears the full weight of the building.

柱子承受着整个建筑物的全部重量。

---

beforehand
[bɪˈfɔːhænd]

adv. 事先，预先

I always pay the rent beforehand.

我总是提前付房租。

(同义) early *adv*. 提前

---

border
[ˈbɔːdə]

n. 边界，国境，边缘，环绕

The train crosses the border between China and Russia.

火车穿过中国和俄罗斯之间的边界。

(同义) boundary *n*. 边界

---

arc
[ɑːk]

n. 弧，弧形
v. 作弧形运动

The rainbow forms an arc in the sky.

彩虹在天空中呈一个弧形。

(同义) curved shape 曲线形

cellulose
[ˈseljʊləʊz]

n. 纤维素

The plant uses the carbohydrates to make cellulose.

植物用碳水化合物制造纤维素。

certify
[ˈsɜːtɪfai]

v. 证明，证实

The food has been certified as fit for human consumption.

已证实该食品适合人类食用。

同义 prove *v.* 证明

clue
[kluː]

n. 线索，提示

v. 为……提供线索

I have not a clue how to get there.

我根本不知道怎么去那里。

confine
[kənˈfaɪn]

v. 局限，关押

This illness seems to be confined to one group in society.

这种疾病似乎只存在于社会的某一个群体中。

拓展 be confined to 仅限于

同义 control *v.* 限制

constantly
[ˈkɒnst(ə)ntli]

adv. 一直；重复不断地

They constantly upgrade the system.

他们经常升级系统。

同根 constant *adj.* 连续不断的，保持不变的 *n.* 常数

databank
[ˈdeɪtəbæŋk]

n. 数据库

The conference will consider the establishment of a databank on the subject.

会议将考虑建立关于这个话题的数据库。

同根 data *n.* 数据

debris
[ˈdebriː]

n. 碎片，残骸，垃圾

Debris from the aircraft was scattered over the sea.

飞机残骸散落在海上。

同义 trash *n.* 垃圾

declare
[dɪˈkleə]

v. 宣布，公布，申报

They declared their support for the proposal.

他们宣布支持这个提议。

同义 state *v.* 公布

assert *v.* 断言

discard
[dɪˈskɑːd]

v. 扔掉，抛弃
Expired food had to be discarded.
过期食物需要扔掉。
同义 get rid of 扔掉

dispense
[dɪˈspens]

v. 分发，供应，提供
The staircase was dispensed with because the Japanese pagoda did not have any practical use.
由于日本塔没有任何实际用途，所以楼梯就不再使用了。
同根 dispensing *n.* 配方，配药
拓展 dispense with sth. /sb. 免除，废止，不再使用

disruptive
[dɪsˈrʌptɪv]

adj. 引起混乱的，中断的，扰乱的
The noise was quite disruptive at night.
夜晚噪声尤其让人心烦。
同根 disrupt *v.* 打断，扰乱

durable
[ˈdjʊərəb(ə)l]

adj. 持久的
The shoes are made of durable materials.
这种鞋子是由耐用材料制造的。
同根 durability *n.* 耐久性

elaborate
[ɪˈlæb(ə)rət]

adj. 复杂的，精心计划的，详尽的 *v.* 详尽阐述
Elaborate precautions were taken to prevent infection.
为了避免感染，人们采取了周密的预防措施。
同根 elaboration *n.* 精心制作

entwine
[ɪnˈtwaɪn; en-]

v. 缠绕，盘绕
The history of human civilization is entwined with the history of the ways we have learned to overcome different diseases.
人类文明的历史与我们学习克服不同疾病的历史交织在一起。
同义 join *v.* 加入

erect
[ɪˈrekt]

v. 建造，竖立 *adj.* 直的，勃起的
The memorial was erected after the war.
这座纪念碑是战后修建的。
同根 erection *n.* 建筑物
同义 construct *v.* 建造

exploit
[ɪkˈsplɔɪt; ek-]

v. 利用，发挥，开发
One has to exploit his or her talents.
人们应该充分发挥自己的才能。
圆根 exploitable *adj.* 可开发的
圆义 use *v.* 使用
　　 utilize *v.* 利用

fertilize
[ˈfɜːtɪlaɪz]

v. 施肥，使受精
Bees fertilize the flowers by bringing pollen.
蜜蜂通过传播花粉使花朵受精。
圆根 fertilizer *n.* 肥料
　　 fertility *n.* 繁殖力，肥力
圆义 enrich *v.* 丰富

foe
[fəʊ]

n. 敌人
They have a common foe.
她们有个共同的敌人。
圆义 opponent *n.* 对手

given that
[ˈgɪv(ə)n]
[ðæt; ðət]

鉴于，考虑到
Given that there is a huge reserve of nuclear materials on earth, the energy produced by nuclear could be enormous.
鉴于地球上核材料存储很多，核能产生的能量应该是巨大的。

harness
[ˈhɑːnɪs]

n. 系带 *v.* 控制，利用……的动力
People are interested in harnessing wind as a new source of power.
人们对开发利用风能作为新能源非常感兴趣。

evoke
[ɪˈvəʊk]

v. 引起，唤起
That smell always evokes memories of my hometown.
那种气味经常唤起我对家乡的回忆。
圆义 arouse *v.* 引起

inner
[ɪnə]

adj. 里面的，内心的
He seems to find the inner peace.
他似乎找到了内心的平静。
圆根 innermost *adj.* 内心深处的
圆义 inside *adj.* 里面的

level

['lev(ə)l]

n. 高度，数量，能力，层
The exam can be taken at five levels.
这种考试分为 5 个级别。

millennium

[mɪ'lenɪəm]

n. 一千年，千年期
复数 millennia
These archaeologists are analyzing some objects from five millennia ago.
这些考古学家正在研究五千年前的东西。
同根 millennial adj. 一千年的
同义 period n. 期限

monoculture

['mɒnəkʌltʃə(r)]

n. 单一栽培
Monoculture is prevalent in some regions.
单一栽培在一些地区比较流行。

notoriety

[ˌnəʊtə'raɪəti]

n. 臭名昭著
They gained notoriety because they kidnapped a child.
他们因绑架了一个孩子而臭名昭著。
同根 notorious adj. 臭名昭著的

odd

[ɒd]

adj. 奇怪的，古怪的，不精彩的，奇数的
Red and green looked a bit odd together.
红色和绿色搭配看上去有点怪。
拓展 the odd one out 不合群的人
同义 unusual adj. 不同寻常的

odor

['əʊdə]

n. 气味，名声
The rotten apple has an unpleasant odor resembling that of rotten eggs.
腐烂的苹果有一种难闻的气味，类似于腐烂的鸡蛋。
同根 odorless adj. 没有气味的
odorous adj. 有气味的
同义 smell n. 气味

out of reach

遥不可及
The price would put the produce out of reach of many poorer consumers.
这个价格会让较贫穷的消费者望而却步。
同义 inaccessible adj. 不可获得的

outset
['aʊtset]

n. 开始，开端
Things changed at the outset of the new century.
在世纪之初，事情开始发生改变。
同义 beginning *n.* 开端

overhang
[əʊvə'hæŋ]

v. 悬挂，悬垂 *n.* 悬垂物
The school is unsafe because it was built on an overhang.
这所学校不安全，因为它建在一块悬伸的岩石上。

phantom
['fæntəm]

n. 幽灵，鬼魂 *adj.* 幻觉的，虚幻的
Although he lost his leg in the war, he still feels as though he's got a phantom limb.
尽管在战争中他失去了一条腿，但他仍觉得自己仿佛有条虚幻的腿。
同义 illusion *n.* 幻觉

plausible
['plɔːzəb(ə)l]

adj. 貌似有理的
It is plausible to suppose that we should prefer quiet to noise.
假设与噪声相比，我们应该更喜欢安静，这似乎是合理的。
同根 plausibility *n.* 善辩，似乎有理
同义 arguable *adj.* 可疑的

posture
['pɒstʃə]

n. 姿态，观点
The picture shows a row of men stand in odd postures.
这张图片显示的是一排人以奇怪的姿势站着。

pre-set
[ˌpriː'set]

adj. 预设的
The agenda for meeting in the company is not pre-set.
这家公司的一些会议日程并非提前安排好的。
同根 pre- 在……前

prosper
['prɒspə]

v. 繁荣，昌盛，成功
The company prospered under the leadership of the new leader.
在新任领导的带领下，这家公司生意繁荣昌盛。
同根 prosperity *n.* 成功，繁荣

radical
[ˈrædɪk(ə)l]

adj. 极端的，激进的，根本的，彻底的

It is a book that looks at radical new approaches to learning.

这是一本介绍全新学习方法的书。

同根 radically *adv.* 根本地

同义 basic *adj.* 根本的

rear
[rɪə]

n. 后面，后部 *adj.* 后面的

v. 抚养，饲养，抬高

There are stickers on the rear window in the building.

建筑物的后窗户上贴着纸条。

同义 raise *v.* 抚养

refer to

v. 提到，谈到；涉及，关于

He promises never to refer to the matter again.

他保证不再提起这件事情。

同根 reference *n.* 参考；参考书目

同义 call *v.* 叫作

removal
[rɪˈmuːv(ə)l]

n. 去除，搬迁，开除

The costs included £120 for removal of pesticides.

费用包含 120 英镑的清除杀虫剂的费用。

同根 remove *v.* 去掉，调动，排除，开除

scatter
[ˈskætə]

v. 散开，驱散，撒播

The population in the village is thinly scattered.

村庄人口稀少。

同义 distribute *v.* 分发

scrap
[skræp]

v. 取消，毁掉 *n.* 废品，碎片，剩菜剩饭

Government is considering scrapping the tax.

政府正在考虑废除税目。

同义 discard *v.* 丢弃

sledge
[sledʒ]

n. 雪橇

Santa sends Christmas gifts through the snow on a sledge.

圣诞老人坐着雪橇穿过雪地发送礼物。

specification
[ˌspesɪfɪˈkeɪʃ(ə)n]

n. 规格，规范，详细说明

Such projects must be built to higher specifications.

这些项目必须按照高标准建造。

同根 specificity *n.* 独特性，特征

同义 description *n.* 描述

spot
[spɒt]

n. 点，少量，地点 *v.* 认出，看见

The team proceeded to the exact spot where the water had been.

团队前往水源的确切位置。

Subjects are asked to spot colors on a screen.

受试者被要求去识别屏幕上的颜色。

(同义) point *n.* 点

surveillance
[səˈveɪl(ə)ns]

n. 监视

The police have kept the suspects under surveillance.

警察监视了这些嫌疑人。

(同根) surveille *v.* 使受监视

surveillant *adj.* 监视的 *n.* 监视者

thoroughly
[ˈθʌrəli]

adv. 非常，仔细地

Students went through the report thoroughly but they still did not find the information they wanted.

学生们仔细查看了报告，但仍没有找到需要的信息。

(同根) thorough *adj.* 仔细的，完全的

threefold
[ˈθriːfəʊld]

adj. 三倍的

Professor Li draws a simple but memorable conclusion from all this: our food bills are actually threefold.

李教授从这一切中得出一个简单但令人难忘的结论：我们的食品账单实际上是变成了原来的三倍。

(同义) three times 三倍

toll
[təʊl]

n. 通行费，损失，伤亡 *v.* （丧钟）鸣响

People have to pay a toll to drive on this road in rush hours.

高峰时期，人们必须付通行费才能在这条路上行驶。

(同义) fee *n.* 费用

transient
[ˈtrænzɪənt]

adj. 暂时的，短暂的 *n.* 流动人口

Consumer pleasures are transient.

消费快乐是暂时的。

(同根) transience *n.* 短暂

(同义) temporary *adj.* 暂时的

unscathed
[ʌn'skeɪðd]

adj. 未受伤的

Although many people were hurt in the accident, this little girl escaped unscathed.

尽管事故中有很多人受伤，这个小姑娘竟毫发无损。

（同根）scathe *v.* 损害 *n.* 伤害

（同义）uninjured *adj.* 未受伤的

ultimately
['ʌltɪmətli]

adv. 最后，终究

Whatever he ultimately concludes, his colleagues will doubt it.

无论他最终得出什么结论，他的同事们都会持怀疑态度。

（同根）ultimate *adj.* 最重要的，最终的

（同义）finally *adv.* 最后

vanish
['vænɪʃ]

v. 消失，灭绝

Some types of wild animals have vanished from the earth.

一些野生动物已从地球上灭绝了。

（同根）vanishment *n.* 消失

（同义）end *n.* 结束

vessel
['ves(ə)l]

n. 轮船，容器，血管

Some navy vessels are in the harbor.

一些军舰停泊在港口。

（同义）container *n.* 容器

viable
['vaɪəbl]

adj. 可行的

There is a viable alternative to replace industrial agriculture.

有一种替代农业产业化的可行方案。

（同根）viability *n.* 可行性

（同义）possible *adj.* 可行的

List 5 剑桥 8

abruptly
[ə'brʌptli]

adv. 突然地，意外地
He stopped abruptly at the sight of their faces.
他一看到他们的脸就呆住了。
同根 abrupt adj. 突然的
同义 suddenly adv. 突然地

adversity
[əd'vɜːsɪti]

n. 不幸，逆境
The road to happiness is paved with adversities.
通往幸福的道路上荆棘满途。
同根 adverse adj. 有害的，不利的
同义 misfortune n. 不幸

alike
[ə'laɪk]

adj. 相似的，类似的 adv. 同样地
The father and his son look very alike.
父亲和儿子长得很像。
The teacher treated his students all alike.
老师待学生们一视同仁。
同义 similar adj. 相似的

anecdote
['ænɪkdəʊt]

n. 趣闻，轶事
He told one amusing anecdote about his friend.
他讲了一件关于他朋友的趣事。
同义 story n. 故事

alienation
[ˌeɪliə'neɪʃn]

n. 疏远，离间
People living in urban places frequently feel a sense of alienation.
居住在城市里的人经常会有一种疏离感。
同根 alien adj. 外国的，异域的 n. 外国人，外星人
同义 isolation n. 孤立

attain
[ə'teɪn]

v. 实现，获得

Chinese students attained better grades in exams than Japanese counterparts.

比起日本学生，中国学生在考试中取得了较好的分数。

（同义）get v. 得到

attainment
[ə'teɪnm(ə)nt]

n. 实现，获得

Research shows that they raise attendance and attainment.

研究表明，他们提高了出勤率和成绩。

（同义）achievement n. 实现

avidly
['ævɪdli]

adv. 急切地，贪心地

Students are avidly reading all kinds of books.

学生们热切地读着各种各样的书籍。

（同根）avid adj. 渴望的，急切的

（同义）greedy adj. 贪婪的

back up

证实，（资料）备份，支持，援助

The agreement must be backed up by the companies' actions.

该协议必须由公司的行动来支持。

built-in
[ˌbɪlt 'ɪn]

adj. 是……的组成部分

Smartphones are equipped with built-in flash cameras.

智能手机配备内置闪光灯的相机。

（同义）intrinsic adj. 内在的

cabinet
['kæbɪnɪt]

n. 内阁，橱柜，陈列室

China is on display in the cabinet.

瓷器陈列在柜子里。

（同义）furniture n. 家具

commence
[kə'mens]

v. 开始，着手

The supervisor commenced speaking after all the employees had arrived.

所有的员工到达后，领导就开始讲话了。

（同根）commencement n. 开始，开端

（同义）begin v. 开始

commonplace
['kɒmənpleɪs]

adj. 平凡的，普通的，普遍的 *n.* 陈腔滥调
Household appliances are increasingly commonplace.
家电越来越普及了。
同根 common *adj.* 常见的
同义 ordinary *adj.* 普通的

concur
[kən'kɜ:]

v. 同意，赞成，意见一致
The new survey concurs with previous ones.
新研究与先前的研究相一致。
同根 concurrence *n.* 同意，赞同
拓展 concur with 同意
同义 agree *v.* 同意

congest
[kən'dʒest]

v. 充满，拥挤
The road was congested with cars in rush hours.
高峰时间段，道路上车辆拥挤。
同根 congestion *n.* 拥挤
同义 crowded *adj.* 拥挤的

constitute
['kɒnstɪtju:t]

v. 被看作，组成，构成
The young constitute nearly a third of the city's population.
年轻人人口占城市人口的三分之一左右。
同根 constitution *n.* 章程，体质，构成
同义 comprise *v.* 由……组成

defective
[dɪ'fektɪv]

adj. 有缺陷的，有毛病的
Retailers can return defective merchandise.
零售商可以退回有瑕疵的商品。
同根 defect *n.* 缺点，缺陷
　　 defection *n.* 叛逃，脱离
同义 abnormal *adj.* 不正常的

defoliant
[ˌdi:'fəʊliənt]

n. 脱叶剂
The impact of defoliant will influence the machine picking.
脱叶剂脱叶效果将影响机械采收。
同根 defoliate *v.* 使凋零
　　 defoliation *n.* 落叶
同义 compound *n.* 合成物

devour
[dɪ'vaʊə]

v. 吞食，如饥似渴地阅读
The lion devoured the prey.
狮子狼吞虎咽地把猎物吃了下去。
同根 devourer *n.* 吞噬者
同义 eat *v.* 吃

discharge
[dɪs'tʃɑːdʒ]

v. 允许离开，释放
He was given a conditional discharge and ordered to
pay $500 compensation.
他被判有条件释放，并被命令支付 $500 的赔偿金。
同根 charge *v.* 要价，控告，充电
同义 dismiss *v.* 允许离开

eccentric
[ɪk'sentrɪk]

adj. 奇怪的，古怪的
He always wears eccentric clothes.
他总是穿奇装异服。
同根 eccentricity *n.* 古怪
同义 odd *adj.* 奇怪的

elusive
[ɪ'l(j)uːsɪv]

adj. 困难的，难懂的
The answers to these questions remain as elusive as ever.
这些问题的答案仍然不得而知。
同义 unidentifiable *adj.* 无法识别的

endanger
[ɪn'deɪndʒə(r)]

v. 危及，危害
He would never do anything to endanger the lives of
his children.
他不会做任何危及自己孩子生命安全的事。
同根 danger *n.* 危险
endangered *adj.* 濒危的
同义 jeopard *v.* 危及
imperil *v.* 危及

eradication
[ɪˌrædɪ'keɪʃn]

n. 根除
Eradication of poverty is one of the government's aims
this year.
消除贫穷是政府今年的目标之一。
同根 eradicate *v.* 根除，杜绝
同义 extermination *n.* 消除

desolate
[ˈdes(ə)lət]

adj. 荒凉的，孤寂的
It is a desolate place.
这是一个荒凉的地方。
(同)(根) desolation *n.* 空旷，荒凉

fabric
[ˈfæbrɪk]

n. 布，结构
Years of civil war have wrecked the country's infrastructure and destroyed its social fabric.
多年的内战破坏了该国的基础设施，也破坏了其社会结构。

famine
[ˈfæmɪn]

n. 饥荒，饥饿
Many refugees died of famine in some countries.
在一些国家许多难民饿死了。

flourish
[ˈflʌrɪʃ]

v. 繁荣，挥舞
Bike sharing system began to flourish in China last year.
共享单车从去年开始在中国兴盛起来。
(同)(义) prosper *v.* 繁荣

formulate
[ˈfɔːmjʊleɪt]

v. 制订，规划
Formulate your ideas before you begin to write.
在你开始动笔之前，先要构思。
(同)(根) formulation *n.* 规划，构想
(同)(义) develop *v.* 发展

forthcoming
[fɔːθˈkʌmɪŋ]

adj. 即将发生的，乐于助人的，现成的
The forthcoming conference will be held in this meeting room.
即将到来的会议将在这个会议室召开。
(同)(义) future *n.* 将来

fraud
[frɔːd]

n. 诈骗，骗子
She was an account, but she was later revealed to be a fraud.
她曾经是个会计，但后来被发现是个骗子。
(同)(义) crime *n.* 犯罪

frugal
[ˈfrugəl]

adj. 节约的，节省的
He led a remarkably frugal existence.
他过着极其节俭的生活。

	同根 frugally *adv*. 节俭地 frugality *n*. 节俭 **同义** economically *adv*. 节约地
hard-won	*adj*. 辛苦得到的，来之不易的 The dispute destroys his hard-won reputation. 这场争论毁掉了他来之不易的名声。
hectare ['hekteə]	*n*. 公顷 It sits on a hectare of land, where farmers keep livestock. 它坐落在一公顷的土地上，农民在那里饲养牲畜。 **同义** area *n*. 地区
hibernation [ˌhaɪbə'neɪʃn]	*n*. 冬眠，避寒 Hibernation is a frequent phenomenon in some animals. 冬眠在一些动物中比较普遍。 **同根** hibernate *v*. 冬眠 **同义** sleep *n*. 睡眠
identifiable [aɪˌdentɪ'faɪəb(ə)l]	*adj*. 可辨认的 A lot of this is personal identifiable data, such as economic data, health history data and human genomic data. 许多都是可以识别个人身份的数据，例如经济数据、健康史数据和人类基因组数据。 **同根** identify *v*. 识别 **拓展** identical *adj*. 完全相同的 identity *n*. 身份 **同义** recognizable *adj*. 可辨认的
impair [ɪm'peə]	*v*. 损害，削弱 Smoking impairs our health. 吸烟会损害我们的健康。 **同根** impairment *n*. 损害，损伤 **同义** damage *v*. 破坏
in the course of	在……期间，在……过程中 In the course of internship, he acquired practical skills. 在实习期间，他学到了实践技能。 **同义** in the process of 在……过程中

incidentally
[ɪnsɪ'dent(ə)li]

adv. 附带地，伴随地，顺便提一句

The letter mentioned me only incidentally.

信里只是附带地提到我。

同根 incident *n.* 事件

inexorable
[ɪn'eks(ə)rəb(ə)l]

adj. **不可阻挡的，无法改变的**

Spending on health is growing inexorably.

用于医疗上的开支在不可阻挡地增加着。

同根 1 exorable *adj.* 可说服的

同根 2 inexorably *adv.* 无情地，冷酷地

同根 3 inexorability *n.* 冷酷，无情

infest
[ɪn'fest]

v. （昆虫）大批出没于，充斥着（不满）

The house is infested with cockroaches.

这所房子蟑螂成灾。

同根 infestation *n.* 感染

同义 harry *v.* 滋扰

integrity
[ɪn'tegrɪti]

n. **诚实，完整**

A modern extension on the old building would ruin its architectural integrity.

在古老建筑物上增加现代建筑会破坏其风格的完整统一。

同根 integrate *v.* 一体化

   integrated *adj.* 完全的

同义 honesty *n.* 诚实

   completeness *n.* 完整

intervention
[ɪntə'venʃ(ə)n]

n. **介入，干涉**

Its intervention in the internal affairs of many countries caused their complaint.

它对许多国家内政的干涉引起了这些国家的不满。

同义 involvement *n.* 干涉

latitude
['lætɪtjuːd]

n. **纬度，自由**

University students today are given more latitude in deciding whether to live away from their families or not.

今天的大学生们在选择是否要远离家人方面被给予了更多的自由。

同根 latitudinal *adj.* 纬度的

同义 freedom *n.* 自由

lethal
[ˈliːθ(ə)l]

adj. 致命的
The criminal was executed by lethal injection.
这名罪犯被执行注射死刑。
同根 lethality *n.* 杀伤力，毁坏性
同义 fatal *adj.* 致命的

lethargy
[ˈleθədʒi]

n. 无精打采
Symptoms include tiredness, paleness, and lethargy.
症状包括疲倦、面色苍白和没精打采。
同根 lethargic *adj.* 昏睡的
同义 inactivity *n.* 不做任何事

logically
[ˈlɒdʒɪkli]

adv. 逻辑上
Logically, if people are losing their jobs, they are also losing benefits, dental and healthcare coverage.
从逻辑上讲，如果人们失去工作，他们也会失去福利、牙科和医疗保险。
同根 logic *adj.* 逻辑的
logician *n.* 逻辑学家
同义 legitimately *adv.* 正当地

marshy
[ˈmɑːʃiː]

adj. 沼泽般的，湿地的
This area was very marshy before the drainage system was installed.
安装排水系统前，这个地区泥泞非常。
同根 marsh *n.* 沼泽，湿地
marshland *n.* 沼泽地
同义 muddy *adj.* 泥泞的
wet *adj.* 潮湿的

marvel
[ˈmɑːv(ə)l]

v. 惊叹 *n.* 奇迹
People paused to marvel at the view.
人们停下来，感叹景色之美。
同根 marvelous *adj.* 非凡的，不可思议的

metropolitan
[metrəˈpɒlɪt(ə)n]

adj. 大都市的
He was drawn to the metropolitan glamour of Beijing.
他为北京的大都会魅力所吸引。
同根 metro *n.* 地铁
metropolis *n.* 大城市，大都会
同义 megacity *n.* 大城市

minimize
['mɪnɪmaɪz]

v. 降到最低程度，最小化，贬低……的重要性

People want to minimize the risk of developing cancer.

人们想把患癌的风险降到最低。

(同)(根) minimum *n.* 最小值

minimal *adj.* 最小的

(同)(义) lessen *v.* 降低

nifty
['nɪfti]

adj. 有吸引力的，漂亮的

It was a nifty arrangement.

这是个绝佳的安排。

(同)(义) pretty *adj.* 漂亮的

notorious
[nə(ʊ)'tɔːrɪəs]

adj. 臭名昭著的

This area is notorious for drugs, crime and violence.

这片区域因毒品、犯罪和暴力而声名狼藉。

(同)(根) notoriety *n.* 臭名昭著

(同)(义) disreputable *adj.* 名声不佳的

offspring
['ɒfsprɪŋ]

n. （动物）幼崽，（人的）后代

How many offspring does a lion usually have?

一只狮子通常能生多少个小狮子？

(同)(义) child *n.* 孩子

olfaction
[ɒl'fækʃn]

n. 嗅觉

olfaction is one of human senses.

嗅觉是人们的感官之一。

(同)(根) olfactive *adj.* 嗅觉的

olfactory *adj.* 嗅觉的

(同)(义) smell *n.* 嗅觉

optical
['ɒptɪk(ə)l]

adj. 光学的，视力的

The scientists say it's actually optical illusion caused by its position in the sky.

科学家表示，这是由月亮在天空的位置所带来的视觉错觉。

(同)(根) optic *adj.* 光学的 *n.* 眼睛，镜片

optics *n.* 光学

(同)(义) visual *adj.* 视力的

optimal
['ɒptɪm(ə)l]

adj. 最佳的
The company uses its data to find optimal matches among its network of clients and vendors.
该公司使用其数据在其客户和供应商网络中找到最佳匹配。

同根 optimum *n.* 最佳状态，最适条件（复数 optima）*adj.* 最适宜的

同义 best *adj.* 最好的

---

outrageous
[aʊt'reɪdʒəs]

adj. 无耻的，吓人的，无法容忍的
Housing prices are just outrageous.
房价高得吓人。

同根 outrage *n.* 愤慨，暴行 *v.* 愤怒

同义 abhorrent *adj.* 可恨的

---

outright
['aʊtraɪt]

adj. 彻底的，完全的 *adv.* 彻底，完全
She had failed to win an outright victory.
她没能大获全胜。

同义 thorough *adj.* 完全的

---

oversee
[əʊvə'siː]

v. 监督，审查
As an officer, her job is to oversee all the company's budgets.
作为一名官员，她的工作是负责审查公司所有的预算。

同根 overseer *n.* 监督，工头

同义 survey *v.* 调查

---

paediatrics
[ˌpiːdi'ætrɪks]

n. 儿科学
He specializes in paediatrics.
他专攻小儿科。

同根 paediatric *adj.* 小儿科的，儿科的
paediatrician *n.* 儿科专家

同义 pedology *n.* 儿科学

---

parameter
[pə'ræmɪtə]

n. 范围，界限
You had to work within specific height and width parameters.
你必须在特定的高度和宽度参数下工作。

同根 parametric *adj.* 参数的

同义 factor *n.* 因素

parasite

['pærəsaɪt]

n. 寄生虫，寄生动物

The older drugs didn't deal effectively with the malaria parasite.

以前的药物不能有效对付引起疟疾的寄生虫。

(同)(义) organism *n.* 微生物

---

perseverance

[pɜːsɪ'vɪər(ə)ns]

n. 坚持不懈

He has never stopped trying and showed great perseverance.

他从未停止努力，表现出了极大的毅力。

(同)(根) persevere *v.* 坚持

(拓)(展) persist *v.* 坚持，持续

　　　 persistent *adj.* 坚持的，固执的

(同)(义) determination *n.* 决心

---

plague

[pleɪg]

v. 折磨，不断困扰 *n.* 瘟疫

This question has plagued scientists for decades.

这个问题已经困扰科学家们几十年了。

(同)(义) epidemic disease 流行病

(同)(义) harry *v.* 折磨

---

portable

['pɔːtəb(ə)l]

adj. 便携的，手提的

We want to make something that's more inexpensive and portable.

我们想要研制出一种更加便宜和便于携带的东西。

(同)(根) port *n.* 港口，舱门

(同)(根) portability *n.* 轻便，可携带性

(同)(义) hand-held *adj.* 手提的

---

potent

['pəʊt(ə)nt]

adj. 强大的，有效的

This is a very potent drug and can have unpleasant side-effects.

该药效力很强，副作用也不小。

(同)(根) potency *n.* 力量，潜力

(同)(义) valid *adj.* 有效的

---

preservative

[prɪ'zɜːvətɪv]

n. 保护剂，防腐剂

This food is completely free from artificial preservatives.

这种食物绝不含人工防腐剂。

同根 preserve *n*. 保护

preservation *n*. 保存

preserver *n*. 保护人，防腐剂

同义 antiseptic agent 防腐剂

presumably
[prɪˈzjuːməbli]

adv. 可能，大概

Most of us presumably do believe our bodies will die.

我们大多数人想必都相信肉体是会死的。

同根 presume *v*. 推测，假定

presumable *adj*. 可能有的，可推测的

同义 probably *adv*. 可能

reasonably
[ˈriːznəbli]

adv. 理性地，合理地

The house was reasonably priced.

这所房子的标价很合理。

同根 reason *n*. 理由，动机 *v*. 推论

reckon
[ˈrek(ə)n]

v. 想，认为，估算

The region is reckoned to be inhospitable.

这个地区被认为不适宜居住。

同义 expect *v*. 估计

register
[ˈredʒɪstə]

v. 登记，注册 *n*. 记录，登记

Students have to register for the new course by the end of this week.

选修这门新课程的学生必须在本周末之前注册。

同根 registration *n*. 登记，注册

同义 record *n*. 记录，记载

render
[ˈrendə]

v. 使成为，提供，给予

The result contained so many errors as to render it worthless.

太多的错误使结果变得毫无价值。

同义 offer *v*. 主动提供

respectively
[rɪˈspektɪvli]

adv. 分别地，各自

He and his sister are three and six respectively this year.

今年他和他姐姐分别是3岁和6岁。

同根 respective *adj*. 分别的，各自

同义 separately *adv*. 单独地；分别地

satisfactory
[sætɪsˈfækt(ə)ri]

adj. 令人满意的

There is no satisfactory explanation for this matter.

对于这个事情没有合理的解释。

同根 satisfy *v.* 令人满意

satisfaction *n.* 满意

satisfied *adj.* 满意的

同义 content *adj.* 满意的

---

seal
[siːl]

v. 封 *n.* 海豹，封蜡

He sealed the envelope and put on a stamp.

他封好信封，贴了张邮票。

同义 close *v.* 关闭

---

seesaw
[ˈsiːsɔː]

n. 跷跷板，秋千，交替，摇摆不定

There was a sandpit and a seesaw on the playground.

操场上有一个沙坑和一副跷跷板。

His mind seesawed between hope and despair all through those weeks.

那几个星期里，他一会儿心怀希望，一会儿又感到绝望，心情阴晴不定。

同义 change *n.* 改变，变化

---

sensory
[ˈsens(ə)ri]

adj. 感觉的，知觉的

Each sensory experience activates a unique set of brain areas.

每种感官体验都激活一组独特的大脑区域。

同根 sense *n.* 感觉，感官，道理

sensation *n.* 感觉，轰动

同义 perceptual *adj.* 知觉的，感知的

---

session
[ˈseʃ(ə)n]

n. 会议，开会，学期

The court was in session.

法庭开庭了。

同根 sessional *adj.* 开会的，法庭的

同义 meeting *n.* 会议

skeptic
[ˈskeptɪk]

n. 无神论者，怀疑论者
Skeptics said he was inexperienced to become a top athlete.
有人怀疑他能力不足，不足以成为一名顶尖运动员。
同根 skeptical *adj.* 怀疑的
skepticism *n.* 怀疑论
同义 atheist *n.* 无神论者

---

sparing
[ˈspeərɪŋ]

adj. 节约的，保守的
The professor was sparing in his praise.
教授不轻易表扬人。
同根 spare *adj.* 额外的，备用的 *v.* 避免
sparingly *adv.* 节俭地，保守地
同义 thrifty *adj.* 节约的，节俭的

---

spinning
[ˈspɪnɪŋ]

n. 纺织 *adj.* 纺织的
Everything around him seemed to be spinning.
周围的一切似乎都在旋转。
同根 spin *n.* 旋转 *v.* 旋转，纺纱
同义 rotating *adj.* 旋转的

---

split
[splɪt]

v. 平分，裂开
In a severe gale the ship split in two halves.
在一次强劲的大风中那艘船断成了两半。
同根 splitter *n.* 分离机
同义 crack *v.* 破裂

---

supremacy
[s(j)uːˈpreməsi]

n. 最好，至高无上，优势
The party had re-established its political supremacy.
政党已重新建立起其政治上的支配地位。
同根 supreme *adj.* 最高的，最重要的
同义 dominance *n.* 优势

---

taxonomy
[tækˈsɒnəmi]

n. （生物）分类学
You'd have to collect the samples and do some very intense taxonomy.
你得采集很多样本，然后做非常认真的生物学分类。
同根 taxon *n.* 分类

tranquility
[træŋ'kwɪlɪti]

n. 平静，宁静

This atmosphere of relative tranquility eased us.

这种相对的宁静让我们感到放松。

同根 tranquil *adj.* 平静的，安静的

tranquillize *v.* 平静，镇静

同义 serenity *n.* 宁静

trigger
['trɪgə]

v. 引起，触发 *n.* 起因，扳机

The thieves must have deliberately triggered the alarm and hidden inside the house.

那些小偷一定是故意触发了报警器，然后藏在屋子里。

同义 cause *v.* 引起

turning point

转折点

The speech in Gettysburg appeared to mark a turning point in the war.

葛底斯堡演讲似乎标志着这场战争的转折点。

unblemished
[ʌn'blemɪʃt]

adj. （人名声，性格）无污点的，完美无缺的

Apart from a parking fine one year before, she had an unblemished driving record.

除了 1 年前因违规停车被罚过一次款外，她的驾驶记录无可挑剔。

同根 blemish *n.* 疤痕，污点，损坏

同义 pure *adj.* 纯粹的

variation
[veərɪ'eɪʃ(ə)n]

n. 变化，差别

The prices for fruits are subject to variation.

水果的价格可能变更。

同根 variant *adj.* 不同的，多样的

variable *adj.* 变量的，可变的

同义 change *n.* 变化

vice versa
[vaɪs] ['vɜːsə]

反之亦然

They want to send students from low-income homes into more affluent neighborhoods and vice versa.

他们想把来自低收入家庭的学生送到较为富裕的地区，反之亦然。

virtually

[ˈvɜːtjʊəli]

adv. **几乎，实际上**

So in a year, we could virtually eliminate malaria.

所以一年之内，我们就可以根除疟疾了。

(同)(根) virtual *adj.* 虚拟的，实质上的

(同)(义) actually *adv.* 实际上

yield

[jiːld]

v. **屈服，放弃，产生** *n.* **产量**

She did not yield to the enemies.

她并未屈服于敌人。

(同)(根) yielding *adj.* 生产的，屈从的

(同)(义) output *n.* 产量

List 6 剑桥 9

acclaim
[əˈkleɪm]

n. 称赞；喝彩
His recording has won great acclaim.
他的唱片受到高度赞扬。

---

accumulate
[əˈkjuːmjʊleɪt]

v. 累积
Customers can accumulate points through regular purchase in the supermarket.
消费者在超市中的日常消费可以积分。
(同)(根) accumulation *n.* 累积

---

advocate
[ˈædvəkeɪt]

v. 提倡；拥护
n. 提倡者，拥护者
More and more people have become advocates of active euthanasia.
越来越多的人变成了安乐死的拥护者。

---

appendage
[əˈpendɪdʒ]

n. 附加物；附肢
Some whales are found to have leg-like appendages.
人们发现一些鲸鱼有腿一样的附肢。
(同)(根) append *v.* 附加

---

amphibious
[æmˈfɪbɪəs]

adj. 两栖的
Amphibious creatures are those able to live both in water and on land.
两栖动物就是那些既能生活在水里又能生活在陆地上的生物。
(同)(根) amphibian *n.* 两栖动物

---

appoint
[əˈpɒɪnt]

v. 任命
He is appointed by the president as minister of health.
他被总统任命为卫生部部长。
(同)(根) appointment *n.* 任命

aptitude
['æptɪtjuːd]

n. 天资

She showed a natural aptitude for the work.

她表现出了做这项工作的天赋。

同根 aptitudinal *adj.* 聪明的

bark
[bɑːk]

n. 树皮；犬吠

Bark is the outermost layer of stems of woody plants.

树皮是木本植物的茎的最外层。

bombard
[bɒmˈbɑːd]

v. 轰炸

The company bombards its potential customers with ads.

这家公司用广告轰炸其潜在客户。

breakthrough
[ˈbreɪkθruː]

n. 突破

Chinese scientists have made a major breakthrough in the treatment of liver cancer.

中国科学家在肝癌治疗方面取得了重大突破。

brink
[brɪŋk]

n. 边缘

The company is on the brink of collapse.

这家公司正处于破产的边缘。

同义 edge *n.* 边缘

cable
[ˈkeɪb(ə)l]

n. 电缆

Overhead power cables are used to carry electricity or electronic signals.

高架电缆被用来输电或者传送信号。

拓展 cable television 有线电视

capture
[ˈkæptʃə]

v. 捕获；夺得

The captured soldiers will be released in a few days.

被俘士兵将会在近几日被释放。

同根 captivity *n.* 囚禁

chain
[tʃeɪn]

n. 链；枷锁

Parrots are often held chained up.

鹦鹉通常都用链条锁着。

拓展 food chain *n.* 食物链

circuit
[ˈsɜːkɪt]

n. 电路；回路

Cutting through any cables will break the electrical circuit.

切断任何电缆的做法都会使电路中断。

同根 circuitous *adj.* 迂回的

circular

['sɜːkjʊlə]

adj. 圆形的；循环的

They dug a circular hole four feet wide and six feet deep.

他们挖了一个 4 英尺宽、6 英尺深的圆洞。

同根 circulate *v*. 使循环

cluster

['klʌstə]

n. 群；簇

On the cake is a cluster of red berries.

蛋糕上点缀着一簇红梅。

conceive

[kən'siːv]

v. 想象；构想

I can hardly conceive what it must be like without cellphones.

我很难想象没有手机是什么样子。

拓展 conceive of 设想；构想

conserve

[kən'sɜːv]

v. 保护；保存

We must conserve our forests for future generations.

为了子孙后代，我们必须保护森林。

同根 conservation *n*. 保存；保护

同义 preserve *v*. 保存；保护

conservative

[kən'sɜːvətɪv]

adj. 保守的

Some people held a very conservative attitude to education.

有些人对于教育持很保守的态度。

contingent

[kən'tɪndʒənt]

adj. 依情况而变的；视条件而定的

Further investment is contingent upon the earnings of the project.

进一步的投资取决于项目的营收状况。

同义 dependent *adj*. 取决于……的

criticism

['krɪtɪsɪz(ə)m]

n. 批评；评论

This policy has attracted criticism from various groups.

这项政策招致各方的批判。

同根 criticize *v*. 批评

deficit

['defɪsɪt; 'diː-]

n. 亏损；赤字

They're ready to cut the federal budget deficit for the next fiscal year.

他们已准备好在下一个财政年度削减联邦预算赤字。

同根 deficient *adj*. 不足的；有缺陷的

derelict
[ˈderəlɪkt]

adj. 废弃的；弃置的 *n.* 无家可归者
I had never seen so many derelicts in one place.
我从未在一个地方见到过这么多无家可归的人。
同义 homelessness *n.* 无家可归

be derived from

v. 源自于
This English word is derived from French.
这个英语单词起源于法语。

detrimental
[ˌdetrɪˈment(ə)l]

adj. 不利的；有害的
Water pollution has a detrimental effect on the environment.
水污染对环境有着不利的影响。
同义 harmful *adj.* 有害的

devote
[dɪˈvəʊt]

v. 致力于；献身
He devoted all his energies to writing his novel.
他把全部的经历投入到写小说之中。
同根 devotion *n.* 献身；奉献

disorder
[dɪsˈɔːdə]

n. 混乱；疾病
Without such an international order, the whole world will be in disorder.
如果没有这样的国际秩序，全球将会处于混乱之中。

dispiriting
[dɪˈspɪrɪtɪŋ]

adj. 令人沮丧的
It's very dispiriting for anyone to lose a job.
对每个人来说，没有工作都令人沮丧。
同义 harmful *adj.* 有害的

distressing
[dɪˈstresɪŋ]

adj. 使人忧虑的；使人不安的
Noises can make some patients painful and distressing.
噪声能使一些病人感到痛苦和不安。

drastically
[ˈdrɑːstɪkli]

adv. 彻底地；激烈地
A gesture can drastically alter the meaning of what you say.
一个手势就能极大地改变你所说的话的含义。

dwell

v. 居住
Polynesians dwelled in a remote Pacific island.
波利尼西亚人居住在一个偏远的太平洋小岛上。
同根 dwelling *n.* 住所
dweller *n.* 居民

dye
[dai]

n. 染料
Historically, dyes were made from some natural materials.
历史上，染料是由一些天然的物质制作而成的。

embark on

v. 从事；着手
Some young people are retrained to embark on new careers.
一些年轻人重新接受培训开始从事新事业。

eminent
['emɪnənt]

adj. 杰出的；卓越的
Numerous eminent scientists had made contribution to the discovery of DNA code.
许多杰出的科学家为遗传密码的发现做出了贡献。
同义 prominent *adj.* 卓越的；著名的

enthusiasm
[ɪn'θjuːzɪæz(ə)m; en-]

n. 热情
They carry out their tasks with little enthusiasm.
他们执行任务时没多大干劲。
同根 enthusiastic *adj.* 热情的
同义 passion *n.* 热情；激情

empirical
[em'pɪrɪk(ə)l; ɪm-]

adj. 经验主义的；以经验为依据的
Empirical evidence relies on practical experience.
经验证据依赖于实际经验。
同根 empiricism *n.* 经验主义

equivalent
[ɪ'kwɪv(ə)l(ə)nt]

adj. 相等的；相当的
n. 对等物
He has got a qualification which is equivalent to a bachelor degree.
他获得了一个相当于学士学位的资历。
同根 equal *adj.* 平等的；相等的

evaporate
[ɪˈvæpəreɪt]

v. 蒸发；挥发；消失

The sharp distinction between them has evaporated gradually.

他们之间的明显区别正在逐渐消失。

(同根) evaporation n. 蒸发；挥发

---

exempt
[ɪɡˈzem(p)t; eg-]

v. 免除

Some companies which have met the standard are exempted from paying the tax.

一些满足这个要求的公司可以免付这项税款。

(同根) exemption n. 免除

---

extra-terrestrial

adj. 地球外的

We expect that older extra-terrestrial civilization may pass on their experience in addressing threats to survival.

我们期待更为古老的外星文明能将他们应对生存威胁中的经验传授给我们。

(拓展) terrestrial adj. 地球的；陆地的

---

extract
[ˈekstrækt]

v. 免除；豁免

Coconut oil is extracted from coconut flesh.

椰子油是从椰肉中提取出来的。

(同根) extraction n. 提取

---

fascinating
[ˈfæsɪneɪtɪŋ]

adj. 迷人的

Maldives is the most fascinating place I have ever been to.

马尔代夫是我去过的最迷人的地方。

(同根) fascination n. 着迷；迷恋

---

fame
[feɪm]

n. 名声，名气

He earned himself fame with his scientific discovery.

他用自己的科学发现为自己赢得了名声。

(同根) famous adj. 有名的

---

fortune
[ˈfɔːtʃuːn; -tʃ(ə)n]

n. 大笔的钱；运气

He made a big fortune in the property boom.

他在房地产繁荣期赚了一大笔钱。

favour
['feɪvə]

v. 更喜欢
Chance favours only the prepared mind.
机会只青睐有准备的人。
(拓展) in favour of 支持

flatter
['flætə]

v. 奉承，讨好
The French empress was flattered by the new colour.
这种新颜色让法国女皇很高兴。
(同根) flattering adj. 奉承的，谄媚的

flee
[fliː]

v. 逃走；逃离
Many European scientists fled to America at the beginning of World War Ⅱ.
第二次世界大战初期，许多欧洲的科学家逃到了美国。
(同义) escape v. 逃跑

frustration
[frʌ'streɪʃn]

n. 挫折；失败
Every job has its difficulties and frustrations.
每一项工作都会面临困难和失败。
(同根) frustrate v. 挫败；失败

galaxy
['gæləksi]

n. 星系；银河
There are about 100 billion stars in our galaxy, and 100 billion galaxies in our university.
我们的星系之中有大约 1000 亿颗星星，而整个宇宙之中有大约 1000 亿个这样的星系。
(同义) Milky Way 银河

generalize
['dʒenrəlaɪz]

v. 概括
A scientific theory can never be generalized from a single example.
科学理论绝不会从一个例子中概括出来。
(同根) generalization n. 概括
(同义) general adj. 一般的；普通的

halt
[hɔːlt]

v./n. 停止；停住
It is impossible to attempt to halt the change of languages.
试图阻止语言的改变是不可能的。
(同义) stop v. 停止

hostile
['hɒstaɪl]

adj. 敌对的

He has gradually relaxed his hostile attitude to his stepfather.

他对继父的敌对态度已趋缓和。

(同)(根) hostility *n.* 敌意

impediment
[ɪm'pedɪm(ə)nt]

n. 妨碍；阻止

Housing price boom is a serious impediment to economic recovery.

房价暴涨是经济复苏的重要障碍。

(同)(义) obstacle *n.* 障碍

imperative
[ɪm'perətɪv]

adj. 至关重要的；势在必行的

It is imperative to protect the endangered animal by returning trees to the hills.

重新在山上种树是保护这种濒危动物的当务之急。

(同)(义) crucial *adj.* 重要的

inauguration
[ɪˌnɔːgjʊ'reɪʃ(ə)n]

n. 就职典礼；开幕式

The President's inauguration is going to be held next Monday.

总统就职典礼将在下周一举行。

(拓)(展) inauguration ceremony *n.* 就职典礼

incarnation
[ɪnkɑː'neɪʃ(ə)n]

n. 化身

Athena in Greek mythology is the incarnation of wisdom.

希腊神话中的雅典娜是智慧的化身。

inconceivable
[ɪnkən'siːvəb(ə)l]

adj. 难以置信的；不可思议的

To think about devising a car fueled by electric energy a few years ago would have been inconceivable.

几年前，设想发明电动汽车还是一件不可思议的事情。

(同)(根) conceivable *adj.* 可想象的

indeed
[ɪn'diːd]

adv. (用于强调真实性) 确实

Indeed, it could be the worst environmental problem during this century.

这确实可能是本世纪最严重的环境问题。

induce
[ɪnˈdjuːs]

v. 引诱；导致
Overuse of pills for cold often induce drowsiness.
过量服用感冒药经常会令人昏昏欲睡。
拓展 deduce v. 推论；演绎

innovation
[ɪnəˈveɪʃ(ə)n]

n. 革新；创新
Innovation is a key step in the development of a company.
创新是公司发展中的关键一步。
同根 innovative adj. 革新的；创新的
同义 creativity n. 创造力

input
[ˈɪnpʊt]

n. 投入；输入
Unlike wind, tidal power can provide constant power input.
与风能不同，潮汐能可以提供持续的电力输入。
拓展 output n. 输出

install
[ɪnˈstɔːl]

v. 安装
More security cameras have been installed along the road.
沿途安装了更多的监控摄像机。
同根 installation n. 安装

intertwine
[ɪntəˈtwaɪn]

v. 使缠绕在一起
The prosperity of the city is inextricably intertwined with the protection of the environment.
这座城市的繁荣与环保有着密不可分的联系。

invasion
[ɪnˈveɪʒ(ə)n]

n. 入侵；蜂拥而至
Thousands of troops have massed along the border in preparation for an invasion.
成千上万的军队已沿过境集结，准备入侵。
同根 invade v. 入侵

joint
[dʒɔɪnt]

adj. 共同的；联合的
The two companies take part in the joint development of a new electric car.
两家公司联合开发一款新的电动汽车。
同根 jointly adv. 共同地

limb
[lɪm]

n. 四肢；树枝
The accident victims mostly had injuries to their limbs or backs. 事故受害者大多腿上或者背上都有伤。
拓展 forelimb *n.* 前肢
hindlimb *n.* 后肢

malaria
[məˈleəriə]

n. 疟疾
Malaria is a disease that you can get from the bite of a particular type of mosquito.
疟疾会通过一种特殊的蚊子叮咬后感染。

marine
[məˈriːn]

adj. 海洋的；航海的
Marine biologists are concerned about the effects of the oil slick on marine life around the islands.
海洋生物学家担心浮油对岛屿周围海洋生物的影响。
拓展 submarine *n.* 潜水艇

mechanical
[mɪˈkænɪk(ə)l]

adj. 机械的
Some mechanical problems have almost certainly caused the air crash.
几乎可以确定，坠机是由于某些机械故障。
拓展 mechanization *n.* 机械化；机动化
mechanism *n.* 机械装置，机制

medal
[ˈmed(ə)l]

n. 奖章；奖牌
She won an Olympic gold medal at the age of 17.
她在 17 岁的时候获得了一块奥运会金牌。
拓展 silver medal 银牌
bronze medal 铜牌

milestone
[ˈmaɪlstəʊn]

n. 里程碑
The successful launch of the satellite was a real milestone in space exploration.
这颗卫星的成功发射成为太空探索的一个真正的转折点。
拓展 monument *n.* 纪念碑

mimic
[ˈmɪmɪk]

v. 模仿
These drugs can be used to mimic the effects of caloric restriction.
这些药物能够模拟出热量摄入受限所产生的效果。
同义 imitate *v.* 模仿
同根 mimetic *adj.* 模仿的；模拟的

nostalgia
[nɒˈstældʒə]

n. 怀旧

Hearing the old song again filled him with nostalgia.
再次听到那首老歌让他心中充满对往事的怀念。

(同根) nostalgic *adj.* 怀旧的

novelty
[ˈnɒv(ə)lti]

n. 新颖；新奇的事物

Visual reality was still something of a novelty.
虚拟现实技术还是个挺新鲜的东西。

(同根) novel *adj.* 新奇的

pave the way for

v. 为……铺路

His research result has paved the way for the future discovery.
他的研究结果为之后的发现铺了路。

pitfall
[ˈpɪtfɔːl]

n. 陷阱

It brings me to another major pitfall I frequently encounter.
这让我想到了另一个我经常碰到的主要陷阱。

(同根) novel *adj.* 新奇的

promptly
[ˈprɒm(p)tli]

adv. 立刻，马上

They debate over whether they should replay promptly.
他们讨论的是要不要立刻做出回复。

(同根) prompt *v.* 迅速的，立刻的

revert
[rɪˈvɜːt]

v. 回复，恢复

His manner seems to have reverted to normal.
他的举止好像已经恢复正常。

(同根) reversion *n.* 逆转，恢复

scarce
[skeəs]

adj. 缺乏的，稀少的

There was fierce competition for the scarce resources.
对稀缺资源的争夺非常激烈。

(同根) scarcely *adv.* 几乎不

snail
[sneɪl]

n. 蜗牛

Traffic moves at a snail's pace in a traffic jam.
堵车时，车辆移动的速度缓慢得像个蜗牛。

synthetic
[sɪnˈθetɪk]

adj. 合成的，人造的

Synthetic leather is used in some products to protect animals.

为了保护动物，一些产品使用合成革。

同根 synthesis *n.* 合成

synthesise *v.* 合成

同义 manmade *adj.* 人造的

telescope
[ˈtelɪskəʊp]

n. 望远镜

Details on the Mars' surface can only be seen through a telescope.

火星表面的细节只有通过望远镜才能看到。

拓展 radio telescope *n.* 无线电天文望远镜

tolerate
[ˈtɒləreɪt]

v. 宽容；忍耐

These ants can tolerate temperatures that would kill other species.

这些蚂蚁能够忍受可以导致其他物种死亡的高温。

同根 tolerance *n.* 忍受

tolerant *adj.* 宽容的；容忍的

tidal
[ˈtaɪdəl]

adj. 潮汐的

Tidal power is a more reliable source of energy than wind power.

潮汐能是比风能更加可靠的能量来源。

同根 tide *n.* 潮汐

triangular
[traɪˈæŋgjʊlər]

adj. 三角形的

There was a triangular scar on his forehead.

他额头上有一块三角形的伤疤。

同根 triangle *n.* 三角形

undertake
[ˌʌndəˈteɪk]

v. 承担，从事

They undertook to work out the plan by Friday.

他们答应星期五之前制订出计划。

utilize
[ˈjuːtɪlaɪz]

v. 利用，使用

Architects utilize a range of techniques to enhance the quality of the buildings.

建筑师利用一系列的技术来提高建筑物质量。

同根 utilization *n.* 利用，使用

admission
[əd'mɪʃ(ə)n]

n. 进入，承认

Every year students all over the world apply for admission to top colleges.

每年世界各地的学生们申请进入顶尖大学。

同根 admit *v.* 承认，容许

---

affluent
['æfluənt]

adj. 富裕的

The diet of the affluent has not changed much over the decades.

富人的饮食数十年来没怎么变。

同义 abundant *adj.* 充裕的，丰富的

---

antiseptic
[ænti'septɪk]

adj. 防腐的，抗菌的 *n.* 防腐剂，抗菌剂

Many of the ingredients for antiseptics come from the material.

很多杀菌剂的原料来自这个材料。

同义 antibacterial *adj.* 抗菌的

拓展 antiseptic /antibacterial agent *n.* 抗菌剂/防腐剂

---

array
[ə'rei]

n. 大量，陈列 *v.* 布置，排列

A large number of magazines were arrayed on the stand.

报摊上摆放着很多杂志。

同义 arrange *v.* 排列，布置

---

assembly
[ə'sembli]

n. 组装，装配

The production site is far away from the final assembly plant.

生产地点离最终的组装厂很远。

同根 assemble *v.* 组装

拓展 assembly plant 组装厂

atavism
[ˈætəvɪzəm]

n. 返祖现象，隔代遗传

The occurrence of legs in snakes can be explained as atavism.

蛇长了腿，可以被解释成返祖现象。

同义 reversion *n*. 逆转，隔代遗传

awe
[ɔː]

n. 敬畏 *v*. 使敬畏，使崇敬

People gaze in awe at the statue in the centre of the square.

人们敬畏地凝视着广场中央的雕像。

同根 awesome *adj*. 令人敬畏的，极好的

blaze
[bleɪz]

n. 火焰，大火

Many firefighters were hurt in the blaze.

大火中很多消防员受伤了。

同义 flame *n*. 火焰

cereal
[ˈsɪərɪəl]

n. 谷物，麦片

A bowl of cereal is a good choice for dieters at breakfast.

早餐的时候，一碗麦片对于节食者来说是个很好的选择。

同义 grain *n*. 谷物

comprise
[kəmˈpraɪz]

v. 包括，由……构成

The approach comprises a series of measurements.

这个方法由一系列的措施组成。

同义 consist of 由……组成

conclusively
[kənˈkluːsɪvli]

adv. 结论性地，不容置疑地

It is impossible to prove conclusively that she is responsible for the murder.

想要确凿地证明她为这场谋杀负责是不可能的。

同根 conclusion *n*. 由……组成

counsel
[ˈkaʊnsəl]

v. 建议，劝告

They are counting on your counsel.

他们还指望你的忠告。

同根 counselor *n*. 顾问

crop up

意外出现，突然发生

Some awesome ideas have cropped up in his mind.

一些可怕的想法突然出现在他的脑海里。

decade
['dekeɪd; dɪ'keɪd]

n. 十年

This question has plagued scientists for decades.

这个问题几十年来一直困扰着科学家们。

同义 ten years 十年

degrade
[dɪ'greɪd]

v. 贬低（某人），使恶化

How can you degrade yourself by doing such things?

你怎么能做这种事贬低你自己呢？

同根 degradation *n.* 顾问

同义 degenerate *v.* 使退化，使恶化

depression
[dɪ'preʃ(ə)n]

n. 沮丧，抑郁症

A large proportion of people is suffering from depression.

有很大比例的人群患有抑郁症。

deprive
[dɪ'praɪv]

v. 剥夺

The war has deprived these children of a normal home life.

这场战争剥夺了这些孩子们正常的家庭生活。

同根 deprivation *n.* 剥夺

descendant
[dɪ'send(ə)nt]

n. 后代，子孙

They are descendants of the original English and Scottish settlers.

他们是最初的英格兰和苏格兰移民的后裔。

同根 descend *v.* 下降

drought
[draʊt]

n. 干旱

Long droughts destroyed millions of tons of crops.

长期的干旱毁掉了数百万吨的农作物。

拓展 flood *n.* 洪水

endure
[ɪn'djʊə; en-; -'djɔː]

v. 忍耐，持续

The company endured heavy financial losses because of this accident.

由于这个事故，公司承受了沉重的财务损失。

同根 endurable *adj.* 可忍受的

endurance *n.* 忍耐力

同义 withstand *v.* 忍耐

entertain
[entə'teɪn]

v. 使快乐，请客，怀着（想法、感觉、希望等）
The aim of the series is both to entertain adn inform.
这套系列节目是为了寓教于乐。
同根 entertainment *n.* 娱乐

entitle
[ɪn'taɪt(ə)l]

v. 称作，给（书，电影）命名
People are entitled to have an equal job opportunity.
所有人都有权享受平等的工作机会。
同根 entitled *adj.* 有资格的
entitlement *n.* 权利，津贴

executive
[ɪg'zekjʊtɪv]

n. 经理，主管 *adj.* 决策的
She is a senior executive.
她是一个高级经理。
同根 execution *n.* 处决，执行，完成

extrovert
['ekstrəvɜːt]

n. 性格外向的人
Are you an introvert or an extrovert?
你性格内向还是外向？
同根 extroverted *adj.* 性格外向的
反义 introvert *n.* 内向的人

facilitate
[fə'sɪlɪteɪt]

v. 促进，帮助
The new policy will facilitate the development of the area.
新政策将促进这个地方的发展。
同根 facility *n.* 设施，设备

fidelity
[fɪ'delɪti]

n. 忠诚，准确性
The couple have failed to act in fidelity to their vows.
这对夫妻没能忠诚地履行自己的誓言。
同义 loyalty *n.* 忠诚
accuracy *n.* 准确度

flock
[flɒk]

v. 聚集 *n.* 一群
A flock of birds flew overhead.
一群鸟从头顶飞过。
同义 group *n.* 一群

frame
[freɪm]

v. 给……做框；给……镶边
The photograph had been framed.
照片已镶了框。
同根 framework *n.* 框架；结构

gamble
['gæmb(ə)l]

v. 赌博，碰运气
It was a big gamble for her to leave the company and find a new job.
她离开公司重新找工作是巨大的冒险。
(同)(根) gambler *n.* 赌徒

gaze
[geɪz]

v. 凝视，注视
The little girl lowered her head under others' gaze.
在其他人的注视下，小姑娘低下了头。
(同)(义) stare *v.* 注视

hard-wired

adj. **本能的，硬线的**
Our brains are hard-wired for us to learn a new language.
我们的大脑是为我们学习一门新语言而生的。
(同)(义) intrinsic *adj.* 固有的

heighten
['haɪt(ə)n]

v. 加强，提高
They heightened security because of the serious crime.
由于严重犯罪，他们加强了安全防备。
(同)(根) height *n.* 高地，高度

hemisphere
['hemɪsfɪə]

n. 半球
Both Asia and Europe are in the North Hemisphere.
亚洲和欧洲都在北半球。
(拓)(展) the Northern Hemisphere 北半球

ignorance
['ɪgn(ə)r(ə)ns]

n. 无知，愚昧
Public ignorance about HIV is still a cause for concern.
公众对 HIV 病毒的无知仍是一个令人担忧的问题。
(同)(根) ignorant *adj.* 无知的，愚昧的

ingenuity
[ˌɪndʒɪ'njuːɪti]

n. 独创力
This piece of work is of great ingenuity.
这部作品很有独创性。
(同)(根) ingenious *adj.* 有独创性的，心灵手巧的

introvert
['ɪntrəvɜːt]

n. 内向的人
Caffeine works much better with extroverts than it does on introverts.
咖啡因对外向的人比内向的人更有效。
(同)(根) introverted *adj.* 内向的

invariably
[ɪnˈveərɪəbli]

adv. 不变地
Parents always invariably support their children.
父母总是始终不变地支持自己的子女。
同根 vary *v.* 变化，使多样化
variable *adj.* 可变的，多变的

---

irreversible
[ɪrɪˈvɜːsɪb(ə)l]

adj. 不可逆的
The unhealthy lifestyle has caused irreversible damage to his health.
不健康的生活方式已经对他的健康造成了永久的损害。
同根 reversible *adj.* 可逆的，可反转的

---

jurisdiction
[ˌdʒʊərɪsˈdɪkʃ(ə)n]

n. 司法权，管辖权，管辖区域
The police have no jurisdiction over foreign affairs.
警方对外国事务没有管辖权。
同根 juridical *adj.* 司法的，法院的

---

labour
[ˈleɪbə(r)]

n. 劳工，劳动力
He laboured at the plant for his whole life.
他在工厂辛勤工作了一辈子。
拓展 labour union 工会

---

luxurious
[lʌgˈʒʊərɪəs]

adj. 奢侈的，丰富的
He just bought a very luxurious house.
他刚入手一套十分豪华的房子。
同根 luxury *n.* 奢侈，奢侈品

---

medieval
[ˌmedɪˈiːvl]

adj. 中世纪的
They are old medieval buildings.
它们都是很老的中世纪建筑。

---

miserable
[ˈmɪz(ə)rəb(ə)l]

adj. 悲惨的
He was miserable after the breakup.
分手后，他很伤心。
同义 painful *adj.* 痛苦的，疼痛的

---

negotiate
[nɪˈgəʊʃɪeɪt]

v. 谈判，协商
His aim is to facilitate the negotiation between the two parties.
他的目的是促成双方的谈判。
同根 negotiation *n.* 谈判，协商

opposite
['ɒpəzɪt; -sɪt]

adj. 相反的，对立的
What he said actually had the opposite effect.
事实上，他所说的内容适得其反。
(同)(根) oppose *v.* 反对
(同)(义) adverse *adj.* 相反的
contrary *adj.* 相反的

ornate
[ɔː'neɪt]

adj. 华丽的，有装饰的
The carving was so ornate and beautiful.
雕刻如此华丽。
(同)(义) magnificent *adj.* 壮丽的，宏伟的
decorated *adj.* 装饰的

passive
['pæsɪv]

n. 被动式、被动语态 *adj.* 被动的
She's very passive in the relationship.
她在这段关系中非常被动。
(同)(义) passivity *n.* 被动性

permanently
['pɜːm(ə)nəntli]

adv. 永久地
If you press the button, the folder will be deleted permanently.
如果你按这个按钮，这个文件夹会被永久删除。
(同)(根) permanent *adj.* 永久的

pillar
['pɪlə]

n. 柱子，支柱
Reforming education is a pillar for future prosperity.
教育改革是今后繁荣的支撑。
(拓)(展) pillar industry 支柱产业

plantation
[plæn'teɪʃ(ə)n; plɑːn-]

n. 种植园（场）
40 hectares of cotton in the plantation has been destroyed after the war.
种植园中40公顷的棉花在战后都被破坏了。
(同)(根) plant *v.* 种植

precipitation
[prɪˌsɪpɪ'teɪʃ(ə)n]

n. 降水，降水量
The precipitation this summer is much lower than last summer.
今年夏天的降水量远低于去年夏天。
(同)(义) rainfall *n.* 降雨

profound
[prəˈfaʊnd]

adj. 深远的，深刻的
The match had a very profound effect on him.
这场比赛对他的影响很大。

puzzle
[ˈpʌz(ə)l]

n. 谜，难题 *v.* 使……困惑
The student poses a number of puzzling questions.
学生提出了几个令人迷惑不解的问题。
同义 enigma *n.* 谜

quarter
[ˈkwɔːtə]

n. 四分之一，季度，个人
Help came from an unexpected quarter.
伸出援手的是个意料之外的人。
拓展 notable quarters 名人

quit
[kwɪt]

v. 离开，放弃，停止
A nicotine spray can help smokers quit the habit.
有一种尼古丁喷剂可以帮助吸烟者戒烟。
同义 abandon *v.* 放弃

rehabilitation
[ˈriːhəˌbɪlɪˈteɪʃən]

n. 康复，复原
Physical rehabilitation is important to those who have experienced physical trauma.
康复治疗对于遭受过创伤的人来说很重要。
同根 rehabilitate *v.* 康复

relentless
[rɪˈlentlɪs]

adj. 不停的，持续强烈的，无情的
She attributes her success to her relentless pursuit of perfection.
她将自己的成功归因于她对完美的不懈追求。
同根 relentlessly *adv.* 残酷地，无情地

residential
[rezɪˈdenʃ(ə)l]

adj. 适合居住的，住宅的
More residential houses have been built over the past few years.
在过去的几年里建造了更多的民用住宅。
同根 resident *n.* 居民，住户

reticence
[ˈretɪsns]

n. 沉默寡言
His reticence made me a little embarrassed.
他的沉默寡言使我有些尴尬。
同根 reticent *adj.* 寡言少语的，不愿与人交谈的

sanitation
[ˌsænɪˈteɪʃ(ə)n]

n. 卫生设备
Poor sanitation results in the rise of mortality rate.
卫生条件差导致了死亡率的上升。

secure
[sɪˈkjʊə]

adj. 安心的，有把握的
He is secure in the knowledge that he has passed the exam.
知道自己通过了考试，他心里踏实了。
(同)(根) security *n.* 保护措施，安全工作

seedling
[ˈsiːdlɪŋ]

n. 幼苗
After they select the seedling, they plant it.
在选择后，他们种下了幼苗。

shelter
[ˈʃeltə]

n. 居所，遮蔽物 *v.* 保护，掩蔽，躲避
They are anxious to find a shelter from the storm.
他们焦急地寻找地方躲避暴风雨。

siege
[siːdʒ]

n. 包围
The urban centre is under siege by the police.
市中心被警察包围了。
(同)(义) surround *v.* 围绕，包围

simultaneously
[ˌsɪmlˈteɪnɪəsli]

adv. 同步地，同时进行地
The football match will be broadcast simultaneously on TV and on the Internet.
这场球赛将同时在电视上和网络上直播。
(同)(根) simultaneous *adj.* 同步的

solely
[ˈsəʊlli]

adv. 仅，只
This kind of job is solely restricted to men.
这种工作仅限男性来做。
(同)(根) sole *adj.* 仅有的，唯一的
(同)(义) only *adv.* 只

soluble
[ˈsɒljʊb(ə)l]

adj. 可溶的
Glucose is considered water-soluble.
葡萄糖被认为是可溶于水的。
(同)(根) solution *n.* 溶液，解决方案
(拓)(展) solve *v.* 解决

spectrum ['spektrəm]	*n.* 光谱，波谱，频谱 A spectrum is formed by a ray of light passing through a prism. 一束光通过棱镜就会形成光谱。
spontaneous [spɒn'teɪnɪəs]	*adj.* 自发的 The crowd burst into spontaneous applause. 人群自发地鼓掌。 同义 autonomous *adj.* 自主的，自治的
stamina ['stæmɪnə]	*n.* 耐力，耐性 Extreme sports need a lot of stamina. 极限运动需要很大的耐力。 同义 endurance *n.* 耐力
succumb to [sə'kʌm]	*v.* 屈从，放弃抵抗 He finally succumbed to the pressure and gave it up. 他最终迫于压力放弃了。
timescale ['taɪmskeɪl]	*n.* 一段时间，期限 The timescale for the project is quite short. 这项工程的工期非常短。 同义 deadline *n.* 最后期限
tutor ['tjuːtə]	*n.* 家庭教师，导师 Professor Smith was my tutor at university. 史密斯教授是我大学的导师。 同义 mentor *n.* 指导者，导师
underbrush ['ʌndəbrʌʃ]	*n.* 下层灌木丛 They cleared a narrow course through the dense underbrush. 他们在茂密的灌木丛中开辟出了一条小路。 同义 undergrowth *n.* 下层灌木丛 brush *n.* 灌木丛，刷子
undergo [ʌndə'gəʊ]	*v.* 经历，经受 Some people undergo a complete transformation after a catastrophe. 有些人在灾难过后会完全改变。

unintentional
[ˌʌnɪn'tenʃ(ə)n(ə)l]

adj. 无意的，偶然的
Drowning is the 3rd leading cause of unintentional injury death worldwide.
溺水是世界范围内非故意伤害死亡的第三大原因。
同根 intentional *adj.* 故意的，存心的
intention *n.* 目的，意图

up-to-date

adj. 最新的，最近的
The company has introduced a lot of up-to-date equipment.
这家公司引进了很多最新的设备。

utilitarian
[juːˌtɪlɪ'teərɪən]

adj. 实用的，功利的
The website provides a great deal of utilitarian information.
这个网站提供了很多实用的信息。
同根 utilize *v.* 使用
utility *n.* 实用

worship
['wɜːʃɪp]

v. 崇拜，礼拜，爱慕
She worships her idol from afar.
她默默地爱慕着她的偶像。

List 8 剑桥 11

account
[əˈkaʊnt]

n. 解释，说明，描述
Different witnesses give different accounts of what happened to the ship.
不同的目击者关于这艘船发生了什么有不同的描述。

adept
[əˈdept]

adj. 熟练的，擅长的 *n.* 内行
She is adept at handling the emergencies.
她善于处理紧急事情。
(同根) adeptness *n.* 熟练

alphabet
[ˈælfəbet]

n. 字母表
Egyptians borrowed an alphabet from their neighbor along the Mediterranean.
埃及人向他们地中海沿线的邻居借了一套字母表。
(同根) alphabetical *adj.* 依字母顺序的

aqueduct
[ˈækwɪdʌkt]

n. 沟渠，水道
In ancient China, aqueducts serve as an important way of transport.
水道在中国古代是重要的交通方式。

attribute to
[əˈtrɪbjuːt]

v. 归因于，认为……由……产生
The doctors have attributed the cause of the illness to an unknown virus.
医生们认为这种疾病由一种未知的病毒引起。
(同义) ascribe *v.* 归因于

blur
[blɜː]

v. 使模糊不清
His vision was blurred in the misty rain.
蒙蒙细雨模糊了他的视线。

bottleneck
[ˈbɒtlnek]

n. 瓶颈，阻碍
One of the bottlenecks in the testing process is connections.
连接问题是测试过程中的一个障碍。
同义 barrier *n*. 障碍，障碍物

conceal
[kənˈsiːl]

v. 隐藏，隐瞒
The little girl concealed in her father's shadow.
小女孩藏在他爸爸的影子里。
同义 hide *v*. 隐藏

conjunction
[kənˈdʒʌŋ(k)ʃ(ə)n]

n. 结合，同时出现
The conjunction of high inflation and high unemployment is not good news.
高通货膨胀和高失业率同时出现不是个好消息。
拓展 in conjunction with 与……一起

crew
[kruː]

n. 全体船员，一组工作人员
The accident has killed two of the crew and three passengers.
这次意外有两名船员和三名乘客死亡。
拓展 film crew 电影摄制组

cushion
[ˈkʊʃ(ə)n]

n. 垫子，起缓冲作用的事物 *v*. 起缓冲作用
My fall was cushioned by the deep snow.
雪很厚，我跌得不重。
拓展 air cushion 气垫

decode
[ˌdiːˈkəʊd]

v. 解码
You can use the device to decode your message.
你可以用这个设备来解码你的信息。
同义 encode *v*. 把……译成电码

dedicate
[ˈdedɪkeɪt]

v. 把……奉献给
He dedicates himself to protect the endangered animals.
他献身于保护濒危的动物。
同根 dedication *n*. 献身，奉献

delicate
[ˈdelɪkət]

adj. 易碎的，脆弱的

The box is fitted with air bags to provide extra protection for the delicate china teacups.

盒子里加了气垫，给脆弱的瓷茶杯提供额外的保护。

同义 fragile *adj.* 易碎的

---

demographic
[ˌdeməˈgræfɪk]

adj. 人口统计学的

His study is supported by demographic data.

他的研究被人口统计学数据支撑。

同根 demography *n.* 人口统计学
demographer *n.* 人口统计学家

---

deposit
[dɪˈpɒzɪt]

v. 放下，放置

He deposited a pile of books on my desk.

他把一摞书放在了我的书桌上。

同义 place *v.* 放置

---

dim
[dɪm]

v. （使）变暗

The light in the theatre dimmed as the curtain rose.

大幕拉开时灯光暗了下来。

拓展 global dimming 全球暗化

---

disperse
[dɪˈspɜːs]

v. （使）分散

The frog dispersed as the wind came.

风来了，雾就散了。

同义 spread *v.* 传播，扩散

---

distraction
[dɪˈstrækʃ(ə)n]

n. 分散注意力的事，使人分心的事

Migrating animals can resist distractions along the way.

迁移中的动物能抵御沿途中分散它们注意力的事物。

同根 distract *v.* （使）分神，分心

---

edible
[ˈedɪb(ə)l]

adj. 可食用的

Methane can be generated not from edible parts of plants but non-edible parts.

沼气不是从植物可食用的部分产生的，而是从不可食用的部分生成的。

拓展 non-edible *adj.* 不可食用的

elevate
['eliveit]

v. 提升，举起，提高，提拔
He was elevated to the post of manager.
他被提拔到主管的职位。
(同)(根) elevation n. 高地，海拔
elevator n. 电梯

eliminate
[ɪ'lɪmɪneɪt]

v. 消除，排除
Organic farming has eliminated the need for herbicides, pesticides, and fertilisers.
有机农业已经排除了对除草剂、杀虫剂和化肥的使用。
(同)(根) elimination n. 消除，除去

erosion
[ɪ'rəʊʒ(ə)n]

n. 腐蚀，侵蚀
The rate of the erosion of the coastline is increasing astonishingly.
海岸线的侵蚀正在以令人震惊的速度扩散。
(同)(根) erode v. 侵蚀，腐蚀

excavate
['ekskəveɪt]

v. 挖掘，发掘
The site has been excavated by archaeologists.
这个遗址已经被考古学家挖掘了出来。
(同)(根) excavation n. 挖掘，发掘

exotic
[ɪg'zɒtɪk; eg-]

adj. 来自异国的，异国风情的
He planted many brightly-coloured exotic flowers in his garden.
他在他的花园里种下了很多颜色鲜艳的异国花卉。

eyesight
['aɪsaɪt]

n. 视力
Pronghorn depends on their eyesight to avoid predators.
叉角羚依靠它们的视力躲避捕猎者。
(同)(义) vision n. 视力

feasible
['fiːzɪb(ə)l]

adj. 可行的，行得通的
New technology makes the plan more feasible.
新科技使得这项计划更加可行。
(同)(义) practical adj. 实际的，切实可行的

fetus
['fiːtəs]

n. 胎儿
What mothers eat will affect the development of the fetus.
母亲吃的东西将会影响胎儿的发育。

foreshadow
[fɔː'ʃædəʊ]

v. 预示
The dark clouds foreshadow a heavy storm.
乌云预示着暴风雨的来临。
同义 anticipate v. 预示
　　　predict v. 预测

geometry
[dʒɪ'ɒmɪtri]

n. 几何学
He is ignorant of geometry.
他对几何学一无所知。
同根 geometrical adj. 几何学的

handout
['hændaʊt]

n. 捐赠品，救济品，传单，讲义
His family live on the handouts given by government.
他家靠政府的救助生活。

herbicide
['hɜːbɪsaɪd]

n. 除草剂
Herbicide is used to control weeds.
除草剂被用来控制杂草。
同根 herb n. 香草，药草

heredity
[hɪ'redɪti]

n. 遗传，遗传特征
Scientists had debates over the effects of heredity and environment.
科学家们就遗传和环境的影响发起了争论。
同根 hereditary adj. 遗传的

imperial
[ɪm'pɪərɪəl]

adj. 帝国的，皇帝的
Her efforts finally broke the imperial ban on silk worm exportation.
她付出的努力最终打破了桑蚕出口的禁令。

in vogue

正在流行
Children-centred education has been in vogue for some time.
以孩子为中心的教育已经流行一段时间了。

incongruity
[ˌɪnkɒn'gruːəti]

n. 不协调，不相称
The incongruity of the situation makes us awkward.
这种怪异的局面使得我们很尴尬。
同根 incongruous adj. 不协调的，不相称的

infectious
[ɪnˈfekʃəs]

adj. 传染的

This kind of agricultural system will make the crops less likely to be affected by infectious diseases.

这种农业系统将会使农作物不太容易被传染病所影响。

（同根）infection *n.* 传染，传染病

---

infertile
[ɪnˈfɜːtaɪl]

adj. 贫瘠的，不育的

They attempt to grow plants above infertile soil.

他们试图在贫瘠的土地上种植作物。

（同根）fertile *adj.* 肥沃的

---

intact
[ɪnˈtækt]

adj. 完整的，未受损伤的

The medieval architecture had remained intact.

这座中世纪的建筑保存完好。

（同义）undamaged *adj.* 未受破坏的

---

intermittently
[ˌɪntəˈmɪtəntli]

adv. 间歇地，断断续续地

Environmental movements continued intermittently throughout August.

整个八月份环保运动此起彼伏。

（同根）intermittent *adj.* 间歇的，断断续续的

---

intricacy
[ˈɪntrɪkəsi]

n. 错综复杂

They marvel at the intricacy of the design.

他们惊叹于这个复杂的设计。

（同根）intricate *adj.* 复杂的

（同义）complex *adj.* 复杂的

---

invariance
[ɪnˈveərɪəns]

n. 不变性

The form invariance is a new symmetry.

形式不变性是一种新的对称性。

（同根）variance *n.* 变化

vary *v.* 变化

---

magnate
[ˈmægneɪt]

n. 权贵，富豪，产业大亨

Hearst was an American newspaper magnate and leading newspaper publisher.

赫斯特是美国报纸巨头，也是主要的报纸出版商。

---

methane
[ˈmiːθeɪn; ˈmeθeɪn]

n. 甲烷，沼气

The microbes break down the methane as fuel.

微生物将甲烷分解作为燃料。

（拓展）gas *n.* 气体

mishandle
[ˌmɪsˈhændl]

v. 虐待，错误处理
She mishandled an important project.
她把一件重要项目搞砸了。
(同)(根) handle *v.* 处理，搬运

monopoly
[məˈnɒp(ə)li]

n. 垄断
They strongly object to the state monopoly of power.
他们强烈反对国家对电力的垄断。
(同)(根) monopolist *n.* 垄断者

motif
[məʊˈtiːf]

n. 装饰图形，装饰图案
There are many repeated motifs in this painting.
这幅油画中有很多重复的图案。
(同)(义) image *n.* 图形，图片

obscurity
[əbˈskjʊərɪti]

n. 默默无闻，无名
They spent their whole life working in obscurity.
他们在默默无闻的工作中度过了一生。
(同)(根) obscure *adj.* 无名的，鲜为人知的 *v.* 使模糊，
　　　 使隐晦

ominous
[ˈɒmɪnəs]

adj. 预兆的，恶兆的，不吉利的
Dissonant music often indicates an approaching ominous
action in the film.
电影中刺耳的音乐通常表明一个凶险的行为即将发生。

omit
[ə(ʊ)ˈmɪt]

v. 删除，省略
Some people's names were omitted from the list.
有些人的名字不在这张名单上。
(同)(义) leave out 省略

originate
[əˈrɪdʒɪneɪt; ɒ-]

v. 起源，发源
Malaria is thought to have originated from tropical regions.
疟疾被认为起源于热带地区。
(同)(根) origin *n.* 起源
　　　 original *adj.* 原始的，最初的

outdated
[aʊtˈdeɪtɪd]

adj. 过时的，陈旧的
The firefighting tools now used is outdated.
现在使用的灭火器材有些陈旧。
(拓)(展) up-to-date *adj.* 最新的

pale
[peɪl]

v. 显得逊色，相形见绌
adj. 苍白的，无力的
All other inventions look pale in front of it.
所有其他发明在它面前都显得苍白无力。

parachute
['pærəʃuːt]

n. 降落伞 v. 跳伞，空投
Planes parachuted food, clothing, blankets, medicine, and water into the rugged mountainous border region.
飞机把食物、衣服、毯子、药和水都空投到崎岖的边界山区。
同根 parachutist n. 跳伞员

parade
[pə'reɪd]

n. 游行，阅兵
v. 游行，阅兵
People dressed up walked in the parade.
精心装扮的人们走在游行队伍中。
同义 march n. 行军，游行

persona
[pə'səʊnə]

n. 表面形象，人物角色
He has a cheerful persona, but he is silent in private.
他在人前很开朗，但是私下很安静。
同义 character n. 角色

predator
['predətə]

n. 捕食者，食肉动物
They run fast so as to keep themselves safe from large predators.
为了躲避大型捕食者，它们跑得很快。
拓展 prey n. 被捕食者

pregnancy
['pregnənsi]

n. 怀孕
Some food that might affect the development of babies cannot be taken during pregnancy.
有些食物可能会影响宝宝发育，怀孕期间不能食用。
同根 pregnant adj. 怀孕的

proponent
[prə'pəʊnənt]

n. 支持者
She is a strong proponent of women's rights.
她是女性权利的坚强拥护者。
同根 propose v. 提出
同义 advocate n. 提倡者，拥护者
supporter n. 支持者

regeneration
[rɪdʒenə'reɪʃn]

v. 再生，重生
The project is the lasting symbol of the economic regeneration of the region.
这个项目是该地区经济复兴的持久象征。
同根 regenerate *v.* 使再生

---

reinforce
[ˌriːɪn'fɔːs]

v. 加强，加固
This has reinforced China's determination to safeguard territorial integrity and the country's reunification.
这加强了中国维护领土完整和国家统一的决心。
同根 reinforced *adj.* 加固的，强化的

---

rotate
[rə(ʊ)'teɪt]

v. 使……旋转
The Earth rotates on its axis once every 24 hours.
地球每 24 小时绕地轴自转一周。
同根 rotation *n.* 旋转

---

scenario
[sə'nɑːrɪəʊ]

n. 设想，方案
The worst-case scenario for him would be to go bankrupt.
对他来说最坏的情况可能是破产。

---

scrutinize
['skruːtənaɪz]

n. 详细检查
Their failures were extensively picked over and scrutinized in reports.
他们的失误被广泛地挑选出来并且在报道中被审查。
同根 scrutiny *n.* 仔细观察
同义 exam *v.* 检查

---

secretive
['siːkrɪtɪv]

adj. 秘密的
The government has been accused of being secretive and undemocratic.
该政府被指责政务不公开，缺乏民主。
同根 secret *n.* 秘密

---

sensitive
['sensɪtɪv]

adj. 敏感的
His eyes are quite sensitive to light.
他的眼睛对光特别敏感。
同根 sense *n.* 感觉
sensible *adj.* 明智的，理智的

sip
[sɪp]

v. 啜

She was sitting at the table and sipping some tea.

她坐在桌边喝着茶。

skyscraper
['skaɪskreɪpə]

n. 摩天大楼

The government plans to build a skyscraper in the urban center.

政府计划在市中心建一座摩天大楼。

(同)(根) scrape *n.* 刮，擦伤

smuggle
['smʌg(ə)l]

v. 走私，偷运

They were caught smuggling drugs into the country.

他们走私毒品入境时被发现了。

(同)(根) smuggler *n.* 走私者

stratosphere
['strætəsfɪə(r)]

n. 同温层，平流层

Beyond the troposphere is the stratosphere.

对流层的上面是平流层。

(同)(义) layer *n.* 层

subconscious
[ˌsʌb'kɒnʃəs]

adj. 下意识的，潜意识的

They were so familiar with the sound that it could be noted by only subconscious mind.

他们对这个声音太熟悉了以至于只能被潜意识注意到。

(同)(根) conscious *adj.* 意识到的

substitute
['sʌbstɪtjuːt]

n. 替代品

His mother only considered him a substitute for his dead brother.

他的妈妈只是把他当作他死去的哥哥来看待。

suspense
[sə'spens]

n. 担心，焦虑，悬念

I cannot bear the suspense a moment longer.

我一刻也受不了这样的提心吊胆了。

(拓)(展) suspension bridge 吊桥，悬索桥

tender
['tendə]

adj. 和善的，温柔的，（食物）嫩的

What he needs most now is just a tender kiss.

他现在最需要的就是一个温柔的吻。

(拓)(展) tender *n.* 投标

tomb
[tuːm]

n. 坟墓
These copper coins were discovered in a tomb of a noble.
这些铜币是在一个贵族的坟墓里发现的。

tractor
['træktə]

n. 拖拉机
Tractors are often used to pulling farming machinery.
拖拉机通常用来牵引农用机械。
拓展 agriculture vehicle 农用车

ubiquitous
[juː'bɪkwɪtəs]

adj. 无所不在的，十分普遍的
Bicycles are ubiquitous in campus.
自行车在大学校园里十分普遍。
同根 ubiquity *n*. 普遍

undisciplined
[ʌn'dɪsɪplɪnd]

adj. 无纪律的
Undisciplined children feel that they have no control over their own lives.
没规矩的孩子往往感觉自己无法控制自己的人生。
同根 discipline *n*. 纪律

undisputed
[ˌʌndɪ'spjuːtɪd]

adj. 毫无疑问的，不容置疑的
Einstein is an undisputed genius.
爱因斯坦是位毋庸置疑的天才。
同根 dispute *n*. 争议

unravel
[ʌn'rævl]

v. 解开，拆散，松开，阐释，说明
They helped me unravel the string.
他们帮我解开了绳子。
The findings may lead the scientists to unravel the mystery of the Ice Age.
这些发现可能会使科学家们揭开冰川时代的奥秘。

vulnerability
[ˌvʌlnərə'bɪləti]

adj. 财政上/政治上的脆弱性
The government has carried out financial schemes to reduce its vulnerability to financial crisis.
政府出台了一些财政方案来减少政府面临经济危机时的脆弱性。
同根 vulnerable *adj*. 脆弱的，易受……伤害的

wreck
[rek]

n. 残骸
The car was a total wreck.
这辆车完全报废了。
(同根) wreckage *n.* 残骸

zigzag
['zɪgzæg]

n. 锯齿形线条 *v.* 曲折向前
The narrow path zigzagged up the mountain.
这条小路曲折通向山顶。

List 9 剑桥 12

account for	*v.* 占（比例） Pesticides account for 30% of the total cost of cotton production. 杀虫剂占棉花生产总成本的 30%。
adverse ['ædvɜːs]	*adj.* 不利的，相反的 Farmers sometimes must deal with adverse environment. 农民有时必须要去应对一些不利的环境。 同根 adversity *n.* 困境，逆境
alphabetical [ælfə'betɪk(ə)l]	*adj.* 字母（表）的 The countries on the list are in alphabetical order. 名单上的国家是按字母顺序排列的。 同根 alphabet *n.* 字母表，全部字母
antibiotic [ˌæntɪbaɪ'ɒtɪk]	*n.* 抗生素 Some viruses and infections have developed resistance to antibiotics. 一些病毒和传染病已经对抗生素产生了抵抗性。 同根 antibacterial *n.* 抗菌剂 *adj.* 抗菌的
anticipate [æn'tɪsɪpeɪt]	*v.* 预期，期望 Background music may anticipate a development in the film. 背景音乐可能预示电影的发展。 同义 predict *v.* 预言，预期 expect *v.* 期望，预期
appealing [ə'piːlɪŋ]	*adj.* 吸引人的 The positive message of the campaign is appealing. 这场运动所传达出来的积极信息很吸引人。 同根 appeal *v.* 有吸引力

arson
['ɑːs(ə)n]

n. 纵火

They are investigators specialized in arson.
他们是专业的纵火调查员。

同根 arsonist *n.* 纵火犯

automated
['ɔːtəmeɪtɪd]

adj. 自动的，自动化的

He has designed an automated glass bottle manufacturing machine for a large US company.
他为美国一家大公司设计了一款自动化的玻璃瓶生产机器。

拓展 fully-automated *adj.* 全自动的

be intended for

v. 为……打算（或计划）的

The course is intended for undergraduates.
这门课程是为本科生设计的。

同根 intended *adj.* 意欲达到的，打算的
intention *n.* 意图，目的

beneficiary
[ˌbenɪˈfɪʃ(ə)ri]

n. 受益人

The poor are not always the beneficiaries of the financial assistance.
财政资助的受益人不总是穷人。

同根 beneficial *adj.* 有益的
benefit *n.* 利益，好处

categorise
['kætɪgəˌraiz]

v. 分类

Diseases are categorised on the basis of how far they spread geographically.
根据在地理上能传播多远对疾病进行分类。

同根 categorization *n.* 分类

同义 classify *v.* 分类

cellular
['seljʊlə]

adj. 细胞的

The bark of the oak tree has a particular cellular structure.
这种橡树的树皮有着很特别的细胞结构。

同根 cell *n.* 细胞

cognitive
['kɒɡnɪtɪv]

adj. 认知的

Bilingualism may influence our cognitive system to some extent.

双语能力会在一定程度上影响我们的认知系统。

同根 cognition *n.* 认知

---

collective
[kə'lektɪv]

adj. 集体的，共同的

Collective action can help farmers to reduce business risk.

集体行动能帮助农民减少商业风险。

---

combat
['kɒmbæt; 'kʌm-]

n. 战斗 *v.* 与……战斗

Most European countries initiate new strategies for combating terrorism.

大多数欧洲国家发起了打击恐怖主义的新策略。

拓展 combat zone *n.* 战区，作战地带

同义 battle *n.* 战斗

conflict *n.* 冲突

---

concentrate on
['kɒns(ə)ntreɪt]
[ɒn]

v. 把注意力集中于……

The board often concentrate too much on the short-term financial problems.

董事会通常过多地把注意力集中在短期的财务问题上。

同根 concentration *n.* 注意力，浓度

拓展 alcohol concentration 酒精浓度

---

content
[kən'tent]

n. 内容，所容纳之物

Cork stoppers may have effect on the contents of the bottle.

软木塞可能会影响到瓶子里装的东西。

同义 substance *n.* 主要内容

---

context
['kɒntekst]

n. （事情发生的）背景，环境

Art appreciation should always take the cultural context of an artist into consideration.

艺术赏析应该考虑到艺术家所处的文化背景。

---

counterpart
['kaʊntəpɑːt]

n. 相对应的人

British officials are discussing this issue with their French counterparts.

英国官员同法国官员正在商讨这个问题。

damp
[dæmp]

adj. 潮湿的

The bark should be stripped in damp atmospheric conditions.

树皮应该在潮湿的空气条件下剥掉。

demanding
[dɪˈmɑːndɪŋ]

adj. 要求高的，费力的

The work is mentally demanding.

这项工作很费脑力。

同义 difficult *adj*. 困难的

depict
[dɪˈpɪkt]

v. 描绘，描画

The painter depicted a man with Malay facial features.

这个画家画了一个有着马来人面部特征的男人。

emerge
[ɪˈmɜːdʒ]

v. 出现

Problems begin to emerge after the use of pesticide.

使用了杀虫剂之后，问题开始出现。

同根 emergence *n*. 出现

re-emerge *v*. 再次出现

endeavour
[ɪnˈdevə(r)]

n. 努力

He makes every endeavour to promote the development of science. 他尽全力推动科学的发展。

同义 effort *n*. 努力

eradicate
[ɪˈrædɪkeɪt]

v. 根除，消灭

Many diseases have been eradicated because of the improvement in vaccination.

由于疫苗接种上的改进，许多疾病已经被消灭了。

同根 eradication *n*. 根除，消灭

ethics
[ˈeθɪks]

n. 伦理观，道德标准

There is the need to heighten the awareness of corporate ethics. 存在着提升企业道德意识的需求。

同义 morality *n*. 道德

expansion
[ɪkˈspænʃ(ə)n; ek-]

n. 扩张

The rapid industrialization has led to the cutting of the forests to allow for the expansion of cities.

因为快速的工业化，所以森林遭到砍伐，城市得以扩张。

同根 expand *v*. 扩张

同义 growth *n*. 增长

generate
['dʒenəreɪt]

v. 使产生，使发生

Tidal power station can generate enough electricity to supply 50,000 homes.

潮汐电站能为 5 万个家庭提供充足的电量。

同根 generation *n.* 产生，发生

regeneration *n.* 再生，重建

guarantee
[ˌɡær(ə)n'tiː]

v. 保证，保障

Some policies are introduced to guarantee farmers a fair price.

一些政策出台了，目的是为了保障农民可以获得公平的价格。

instrumental
[ˌɪnstrʊ'ment(ə)l]

adj. 起重要作用的

He is instrumental in bringing about an end to the war.

他在终止这场战争中起到重要的作用。

同根 instrument *n.* 仪器，工具，乐器

拓展 instrumental reason 工具理性

intermediary
[ˌɪntə'miːdiəri]

adj. 中间的，媒介的

Intermediary buyers often make use of farmer's vulnerability to raise market prices.

中间商通常会利用农民的脆弱性来提升市场价格。

jar
[dʒɑː]

n. 罐子，广口瓶

They sealed the jar, letting nothing in and nothing out.

他们把这个罐子密封起来，不让任何东西进去也不让任何东西出来。

拓展 a jar of pickle 一罐泡菜

lead
[liːd]

n. 铅，石墨

Lead is one of the softer metals.

铅是硬度较低的金属之一。

拓展 lead wire 铅丝，导线

lead pipe 铅管

neuron
['njʊərɒn]

n. 神经细胞

Neurons in both the dorsal and ventral areas of the brain can be stimulated to release dopamine.

在大脑的背区和腹区部位的神经细胞可以在被刺激后释放出多巴胺。

拓展 nerve *n.* 神经

precise [prɪˈsaɪs]	*v*. 精确的 People can share their precise location. 人们可以共享他们的准确定位。 (同)(根) precision *n*. 精确，精度
profit [ˈprɒfɪt]	*n*. 利润 Most of the collectors expect to buy antiques cheaply and sell at a profit. 大多数的收藏者期望很便宜地买到古董然后以一定的利润卖出。 (同)(根) profitable *adj*. 有利可图的，赚钱的
prone [prəʊn]	*adj*. 有……倾向的，易于……的 People who are pretty careful about their diet are still prone to gain weight. 十分注意自己饮食的人仍然容易发胖。 (拓)(展) malaria-prone region 疟疾流行地区 (同)(义) be prone to 倾向于 tend to 倾向于
proposal [prəˈpəʊz(ə)l]	*n*. 建议，计划 The proposal has been rejected. 提议被否决了。 (同)(根) propose *v*. 建议，提议，求婚 (同)(义) advice *n*. 建议
scheme [skiːm]	*n*. 计划，方案 Financial support schemes often encourage farmers to adopt high-input agriculture practices. 资金支持计划通常鼓励农民们采用高投入的农业实践。 (同)(义) plan *n*. 计划
scrutiny [ˈskruːtɪni]	*n*. 详细检查，审查 Her argument doesn't really stand up to scrutiny. 她的观点经不起认真推敲。 (同)(义) examination *n*. 检查，审查
spear [spɪə]	*n*. 长矛 A natural glass was used to make the sharp points of the spears. 一种天然的玻璃被用来制作长矛的锋利的尖。

storage
['stɔːrɪdʒ]

n. 贮存，贮藏
Museums of the past seemed to be large storage rooms of precious objects.
以前的博物馆看起来像装着宝贵的物品的大型贮藏室。
拓展 food storage facilities 食物贮存设施

subsidy
['sʌbsɪdi]

n. 补助金，津贴，补贴
Government officials are thinking about how to increase the level of subsidy.
政府官员正在考虑如何提高补贴标准。

symptom
['sɪm(p)təm]

n. 症状
Among most patients with Alzheimer, initial symptoms of the disease show up at about their sixties.
在大多数老年痴呆症病人中，最初的病症会在他们60多岁的时候显现。

vaccine
['væksiːn;-ɪn]

n. 疫苗
The current use of artificial dyes is in the search for the vaccine against malaria.
合成染料当下被用于寻找疟疾的疫苗之中。
同根 vaccination *n.* 疫苗接种

verbal
['vɜːb(ə)l]

adj. 口头的，言语的
The job applicant must have good verbal skills.
求职者必须有好的语言能力。
同根 cognition *n.* 认知

welfare
['welfeə]

n. 幸福，福祉，安康，福利
The state provides public welfare programmes in some remote areas.
政府为一些偏远地区提供了公共福利项目。
同义 well-being *n.* 健康，安乐

List 10 剑桥 13

accommodation
[əkɒmə'deɪʃ(ə)n]

n. 住宿

The price for the holiday includes flights and accommodation.

度假的价格包括机票和住宿。

同根 accommodate *v.* 容纳，调节

---

compose
[kəm'pəʊz]

v. 组成，作曲

The first approach is composed of a series of measures.

第一种方法由很多种措施组成。

同根 composer *n.* 作曲家

---

condemn
[kən'dem]

v. 谴责

He was condemned for cheating in the exam.

他因为考试作弊而被谴责。

同义 criticise *v.* 批评

blame *v.* 责备

denounce *v.* 谴责

beat a retreat 撤退，放弃

---

cure
[kjʊə]

v. 治疗，治愈

Most forms of environmental pollution can be cured by accelerating economic growth.

大多数形式的环境污染都能被加速经济发展治愈。

n. 治疗，治愈

There is no easy cure for environmental pollution.

环境污染不容易化解。

同义 treatment *n.* 治疗

genre
['ʒɒnrə]

n. 类型，流派
The writer made a contribution to the horror genre.
这位作家在恐怖题材方面做出了贡献。
同义 type/style *n.* 类别

highlight
['haɪlaɪt]

v. 突出，强调，使显著
You'd better highlight the route in red on the map.
你最好在地图上用红色标出这个路线。
同义 emphasize *v.* 强调
focus on 强调

in gear

处于就绪状态
He put the car in gear and headed west.
他把车启动，然后朝西方开去。

itinerary
[aɪ'tɪnərəri]

n. 旅行日程
The website allows travelers to create itineraries according to their own needs.
这个网站允许旅行者根据自己的需求创建旅行日程。

motivate
['məʊtɪveɪt]

v. 促进，调动……的积极性
He was motivated by the desire for power.
他被对权力的欲望所驱使。
同根 motivation *n.* 动机，积极性
同义 promote *v.* 促进，推动

outrage
['aʊtreɪdʒ]

n. 愤怒
Conservationists expressed their outrage at the initiatives proposed by government.
环保主义者表达了他们对政府提出的计划的愤怒。
同根 outrageous *adj.* 愤怒的
同义 anger *n.* 愤怒
rage *n.* 愤怒

prestigious
[pre'stɪdʒəs]

adj. 有名望的
She had won a prestigious literary award.
她赢得了一个享有盛名的文学奖。
同根 prestige *n.* 名声，威望
同义 celebrated *adj.* 有名的
reputable *adj.* 声誉好的

productive
[prə'dʌktɪv]

adj. **富有成效的**
Surprisingly, negative emotions may result in productive outcomes.
令人意外的是，消极的情绪可能会带来富有成效的结果。
同根 productivity *n.* 生产力

regular
['regjʊlə]

adj. **定期的，有规律的**
I hear from him on a regular basis.
我定期收到他的来信。
同根 regularly *adv.* 定期地，有规律地
拓展 regular meeting 例会
regular exercise 常规锻炼

submit
[səb'mɪt]

v. **提交，服从**
All applications must be submitted by Friday.
所有申请必须在星期五前递交。
同根 submission *n.* 提交

supersede
[ˌsuːpə'siːd]

v. **取代**
The older versions have all been superseded by the new one.
所有旧版本都被替换成了新的。
同义 substitute *v.* 替代

threshold
['θreʃəʊld]

n. **门槛，起始点**
He stopped at the threshold of the gate.
他在门口停了下来
拓展 on the threshold of 在……的开端

update
[ʌp'deɪt]

v. **更新**
The company plans to update its manufacturing procedures.
这家公司计划更新它们的生产过程。
同义 renew *v.* 更新

abolish

[ə'bɒlɪʃ]

v. 废除

Slavery was abolished in the US in the 19th century.

19 世纪，美国废除了奴隶制。

同根 abolition *n.* 废除

---

arouse

[ə'raʊz]

v. 激起，唤醒

The strange behaviour of the man aroused the suspicion of the police.

这个男人奇怪的行为引起了警察的怀疑。

同根 arousal *n.* 性奋

---

avenue

['æv(ə)njuː]

n. 途径，方法，大街

We will explore every avenue to find a solution.

我们要探索一切途径来找寻解决方法。

---

capacity

[kə'pæsɪti]

n. 能力

Limited resources are restricting our capacity for developing new products.

有限的资源正制约着我们开发新产品的能力。

同义 competence *n.* 能力

---

cater(to)

['keɪtə]

v. 满足需要，迎合

They only design products which cater to the massmarket.

他们只设计迎合大众市场的产品。

同义 meet *v.* 满足，使满意

---

clamour

['klæmə]

v. 大声（或吵闹）地要求

The people begin to clamour for the President to step down.

民众们大声疾呼要求总统下台。

同根 clamorous *adj.* 吵闹的

coincide
[ˌkəʊɪn'saɪd]

v. **相符，同时发生**

The interests of employers and employees do not always coincide.

雇主和雇员的利益并不总是一致的。

同根 coincidence *n.* 巧合

---

colossal
[kə'lɒs(ə)l]

adj. **巨大的，庞大的**

It takes craftsmen several years to create a colossal statue of the King.

工匠们花费数年时间制作了国王的巨大雕像。

同义 tremendous *adj.* 巨大的

---

curtail
[kɜː'teɪl]

v. **缩减**

The government try to curtail their budget on public transport.

政府试图缩减公共交通预算。

同义 cut *v.* 削减

---

devoid
[dɪ'vɔɪd]

adj. **完全没有，缺乏**

His face was devoid of any feeling.

他的脸上完全没有任何情绪。

同义 lacking *adj.* 缺乏，缺少

---

diagnose
['daɪəgnəʊz; -'nəʊz]

v. **诊断**

Based on their knowledge and experience, doctors diagnose him with cancer.

根据知识和经验，医生诊断他得了癌症。

同根 diagnosis *n.* 诊断

---

dichotomy
[daɪ'kɒtəmi]

n. **一分二，二分法**

There is a dichotomy between the academic world and the industrial world.

学术界和工业界间有天壤之别。

---

epidemic
[epɪ'demɪk]

n. **传染病，流行病**

For some reason, experts decided not to distribute drugs to prevent the outbreak of a flu epidemic.

由于某些原因，专家们决定不采用分发药物的办法来阻止流感的爆发。

同义 infection *n.* 传染，传染病

hospitality
[ˌhɒspɪˈtælɪti]

n. 好客，殷勤
The local people showed visitors great hospitality.
当地人对游客非常热情友好。
同根 hospitable adj. 好客的，热情友好的
拓展 hospitality industry 酒店业，服务业

hybrid
[ˈhaɪbrɪd]

n. 混合物 adj. 杂交的，混合的
The music was a hybrid of blues, country, and pop music.
这种音乐融合了蓝调、乡村乐和流行乐。
同义 mixture n. 混合物

implicit
[ɪmˈplɪsɪt]

adj. 含蓄的，不直接言明的
Her words contained an implicit threat.
她话里暗含威胁。
同根 implication n. 含意，暗指

irritation
[ɪrɪˈteɪʃn]

n. 刺激，恼怒
These ingredients in cosmetics may cause irritation to sensitive skins.
化妆品中的这几种成分可能会对敏感皮肤有刺激。
同根 irritate v. 刺激，使恼怒

leaflet
[ˈliːflət]

n. 传单
The candidates handed out leaflets to gain public support.
竞选者发放传单来获取公众的支持。
同义 handout n. 讲义，传单，救济品

municipal
[mjuːˈnɪsɪp(ə)l]

adj. 市政的
He will take part in next month's municipal election.
他将参加下个月的市政选举。
同根 municipality n. 市政当局，自治市或区
同义 civic adj. 市政的，市民的

noxious
[ˈnɒkʃəs]

adj. 有毒的，有害的
Many household decoration materials give off noxious fumes.
很多家庭的装潢材料散发有害气体。
同义 toxic adj. 有毒的
poisonous adj. 有毒的

outlook
[ˈaʊtlʊk]

n. 见解，前景，景色
They have a very optimistic outlook on this matter.
他们对这件事情的看法很乐观。
同义 perspective n. 态度，看法

prestige
[preˈstiː(d)ʒ]

n. 威信，声望

There is a lot of prestige attached to owning a car like Ferrari.

拥有一部法拉利这样的汽车会显得很气派。

(同根) prestigious *adj*. 有名望的

(同义) reputation *n*. 名声

pretend
[prɪˈtend]

v. 伪装，假装

The boy pretends to be asleep.

这个男孩假装睡着了。

(同根) pretence *n*. 假装，伪装

primate
[ˈpraɪmeɪt]

n. 灵长类

Any animal that belongs to the group of mammals that includes humans, monkeys, and apes is a primate.

任何哺乳动物，包括人类，猴子和猿在内，都是灵长类动物。

prosperous
[ˈprɒsp(ə)rəs]

adj. 繁荣的，成功的

Our future will be more prosperous and peaceful than our past. 我们的未来将会比过去更加繁荣与和平。

(同根) prosper *v*. 繁荣，成功

prosperity *n*. 繁荣，成功

(同义) flourishing *adj*. 繁荣的

repertoire
[ˈrepətwɑː]

n. 全部才能，全部本领

Hearing more baby talk can lead to the growth of a baby's verbal repertoire.

听更多的儿语会提高小孩的语言表达能力。

simulation
[ˌsɪmjʊˈleɪʃən]

n. 模拟

A computer simulation is used to train airline pilot.

电脑模拟程序被用于训练航空公司飞行员。

(同根) simulate *v*. 模拟，模仿

(同义) emulate *v*. 仿真，模仿

stimulus
[ˈstɪmjʊləs]

n. 刺激，激励

(复数) stimuli /stimuluses

The book provides a stimulus to research in this area.

这本书会对这个领域的研究起到促进作用。

(同根) stimulation *n*. 刺激

(同义) incentive *n*. 刺激

turn down	拒绝 A scheme was turned down by the council. 理事会拒绝了这个计划。 （同义）reject *v*. 拒绝，排斥
turnover ['tɜːnəʊvə]	*n*. 人员流动率 Some factors may contribute to high staff turnover, such as low compensation and poor working conditions. 有些因素可能会导致员工流动率高，如低工资和糟糕的工作环境。
validity [və'lɪdɪti]	*n*. 有效，合法性 The validity of the contract was questioned. 这份合同的有效性被质疑。 （同根）valid *adj*. 有效的
ventilation [ˌventɪ'leɪʃ(ə)n]	*n*. 通风 It is important for schools to maintain good ventilation and lighting performance. 保持良好的通风和照明效果对学校来说很重要。 （同根）ventilate *v*. 使通风
withdraw [wɪð'drɔː]	*v*. 收回，撤销 He withdrew from the game because of injury. 他因为受伤退出了比赛。 （同义）beat a retreat 撤退，放弃

附录 英语核心词汇

本表中的词汇按照字母表顺序排列，是启德阅读老师根据历年剑桥真题或考题中出现的考点词汇，结合学生易错点，为大家精选的雅思阅读基础词汇。

这些词汇属于雅思阅读的"入门级"词汇，主要为了让备考阶段的学生扎实基础词汇，"练好基本功"。熟练掌握这些词汇，是你提高阅读速度，更好的理解文意必不可少的！它们是你冲击高分的"地基"！

本附录使用说明：

第一遍：快速浏览核心词汇的中英文，划去已掌握中文意思的单词；

第二遍：重点识记不熟悉或不认识单词；

第三遍：根据艾宾浩斯遗忘曲线，在 1 天 /1 周内反复识别上述第二遍中的单词，直到看到英文单词，立刻识别出对应的中文意思为止。

A			
ability	[ə'bɪlɪti]	*n.*	能力；才能
able	['eɪb(ə)l]	*a.*	能够；有能力的
abnormal	[æb'nɔːm(ə)l]	*a.*	反常的，变态的
aboard	[ə'bɔːd]	*prep.*	上（船，飞机，火车，汽车等）
about	[ə'baʊt]	*ad.* *prep.*	大约；到处；四处 关于；在各处；四处
above	[ə'bʌv]	*prep.* *a.* *ad.*	在……上面 上面的 在……之上
abroad	[ə'brɔːd]	*ad.*	到（在）国外
absolute	['æbsəluːt]	*a.*	完全，全部，绝对的
abuse	[ə'bjuːz]	*v.*	（酗酒）滥用，虐待，恶语
accent	['æksənt]	*n.*	口音，音调
accept	[ək'sept]	*vt.*	接受
access	['ækses]	*n./v.*	通道，入径，存取（计算机文件）

accompany	[əˈkʌmpəni]	v.	陪同，陪伴，与……同时发生
accomplish	[əˈkʌmplɪʃ]	v.	完成
according to	[əˈkɔːdɪŋ tʊ]		按照，根据
account	[əˈkaʊnt]	n.	账目；描述
accountant	[əˈkaʊnt(ə)nt]	n.	会计，会计师
accustomed	[əˈkʌstəmd]	a.	习惯于，惯常的
ache	[eɪk]	vi./n.	痛，疼痛
achieve	[əˈtʃiːv]	vt.	达到，取得
achievement	[əˈtʃiːvmənt]	n.	成就，成绩，功绩
acid	[ˈæsɪd]	a.	酸的
acknowledge	[əkˈnɒlɪdʒ]	v.	承认
acquisition	[ækwɪˈzɪʃ(ə)n]	n.	获得，得到
acre	[ˈeɪkə(r)]	n.	英亩
across	[əˈkrɒs]	prep.	横过，穿过
act	[ækt]	n. v.	法令，条例 （戏）表演，扮演（角色），演出（戏）；行动，做事
action	[ˈækʃ(ə)n]	n.	行动
active	[ˈæktɪv]	a.	积极的，主动的
activity	[ækˈtɪvɪti]	n.	活动
actor	[ˈæktə(r)]	n.	男演员
actress	[ˈæktrɪs]	n.	女演员
actual	[ˈæktʃʊəl]	a.	实际的；现实的
AD		n.	公元
adapt	[əˈdæpt]	v.	使适应，适合，改编
adaptation	[ədæpˈteɪʃ(ə)n]	n.	适应，改编本
add	[æd]	vt.	添加，增加
addicted	[əˈdɪktɪd]	a.	上瘾，成瘾，入迷
addition	[əˈdɪʃ(ə)n]	n.	增加；（算数用语）加
address	[əˈdres]	n.	地址
adequate	[ˈædɪkwət]	a.	合适的，合乎需要的
adjust	[əˈdʒʌst]	v.	调整，调节，适应，习惯

adjustment	[əˈdʒʌstmənt]	*n.*	调整，适应
administration	[ədmɪnɪˈstreɪʃ(ə)n]	*n.*	管理，行政部门
admirable	[ˈædmərəb(ə)l]	*a.*	值得赞赏的，可钦佩的
admire	[ədˈmaɪə(r)]	*v.*	钦佩；羡慕
admission	[ədˈmɪʃ(ə)n]	*n.*	准入，接纳
admit	[ədˈmɪt]	*vt.*	承认，准许（入场，入学，入会）
adolescence	[ædəʊˈlesns]	*n.*	青春，青春期
adolescent	[ædəˈlesənt]	*n.*	青少年
adopt	[əˈdɒpt]	*v.*	收养，领养
adore	[əˈdɔː(r)]	*v.*	（不用于进行时）热爱，爱慕某人
adult	[ˈædʌlt]	*n.*	成年人
advance	[ədˈvɑːns；(US)ədˈvæns]	*v.*	推进，促进；前进
advantage	[ədˈvɑːntɪdʒ]	*n.*	优点；好处
adventure	[ədˈventʃə(r)]	*n.*	冒险；奇遇
advertise	[ˈædvətaɪz]	*vt.*	为……做广告
advertisement	[ədˈvɜːtɪsmənt]	*n.*	广告
advice	[ədˈvaɪs]	*n.*	忠告，劝告，建议
advise	[ədˈvaɪz]	*vt.*	忠告，劝告，建议
affair	[əˈfeə(r)]	*n.*	事，事情
affect	[əˈfekt]	*vt.*	影响
affection	[əˈfekʃ(ə)n]	*n.*	喜爱，钟爱
afford	[əˈfɔːd]	*vt.*	负担得起（……的费用）；抽得出（时间）；提供
afraid	[əˈfreɪd]	*a.*	害怕的；担心的
Africa	[ˈæfrɪkə]	*n.*	非洲
African	[ˈæfrɪkən]	*a.* / *n.*	非洲的，非洲人的 / 非洲人
after	[ˈɑːftə(r)]	*ad.* / *prep.* / *conj.*	在……后；后来 / 在……之后；在后面 / 在……以后
afternoon	[ɑːftəˈnuːn]	*n.*	下午，午后
afterward（s）	[ˈɑːftəwəd(z)]	*ad.*	后来

again	[əˈgeɪn]	ad.	再一次；再，又
against	[əˈgeɪnst]	prep.	对着，反对
age	[eɪdʒ]	n.	年龄；时代
agency	[ˈeɪdʒənsi]	n.	代理机构
agenda	[əˈdʒendə]	n.	（会议）议程表，议事日程
agent	[ˈeɪdʒənt]	n.	代理人，经济人
ago	[əˈgəʊ]	ad.	以前
agree	[əˈgriː]	v.	同意；应允
agreement	[əˈgriːmənt]	n.	同意，一致；协定，协议
agricultural	[ægrɪˈkʌltʃər(ə)l]	a.	农业的
agriculture	[ˈægrɪkʌltʃə(r)]	n.	农业，农学
ahead	[əˈhed]	ad.	在前，向前
aid	[eɪd]	n.	援助；救护；辅助器具
AIDS	[eɪdz]	n.	艾滋病
aim	[eɪm]	n. / v.	目的；目标 / 计划，打算；瞄准；针对
air	[eə(r)]	n.	空气；大气
aircraft	[ˈeəkrɑːft]	n.	飞机（单复数同）
airline	[ˈeəlaɪn]	n.	航空公司；航空系统
airplane	[ˈeəpleɪn]	n.	（美）飞机
airport	[ˈeəpɔːt]	n.	航空站，飞机场
airspace	[ˈeəspeɪs]	n.	领空，（某国的）空域
alarm	[əˈlɑːm]	n.	警报
album	[ˈælbəm]	n.	相册，影集，集邮簿
alcohol	[ˈælkəhɒl]	n.	含酒精饮料，酒
alcoholic	[ælkəˈhɒlɪk]	a. / n.	含酒精的，酒鬼
alike	[əˈlaɪk]	ad.	很相似地，同样地
alive	[əˈlaɪv]	a.	活着的，存在的
all	[ɔːl]	ad. / a. / pron.	全部地 / 全（部）；所有的；总；整 / 全部；全体人员
allergic	[əˈlɜːdʒɪk]	a.	过敏的，厌恶

allocate	[ˈæləkeɪt]	v.	拨给，划归，分配……给
allow	[əˈlaʊ]	vt.	允许，准许
allowance	[əˈlaʊəns]	n.	津贴，补助
almost	[ˈɔːlməʊst]	ad.	几乎，差不多
alone	[əˈləʊn]	a.	单独的，孤独的
along	[əˈlɒŋ; (US) əˈlɔŋ]	ad. prep.	向前，和……一起；一同 沿着；顺着
alongside	[əlɒŋˈsaɪd; (US) əlɔːŋˈsaɪd]	ad.	在……旁边，与……同时
aloud	[əˈlaʊd]	ad.	大声地
already	[ɔːlˈredi]	ad.	已经
also	[ˈɔːlsəʊ]	ad.	也
although	[ɔːlˈðəʊ]	conj.	虽然，尽管
altitude	[ˈæltɪtjuːd; (US) ælˈtɪtuːd]	n.	海拔高度
altogether	[ɔːltəˈɡeðə(r)]	ad.	总共
always	[ˈɔːlweɪz]	ad.	总是；一直；永远
amateur	[ˈæmətə(r)]	a.	业余爱好的
amaze	[əˈmeɪz]	v.	惊奇，惊叹；震惊
amazing	[əˈmeɪzɪŋ]	a.	惊奇的，惊叹的；震惊的
ambition	[æmˈbɪʃ(ə)n]	n.	目标，野心，雄心，抱负
ambulance	[ˈæmbjʊləns]	n.	救护车
America	[əˈmerɪkə]	* n.	美国；美洲
American	[əˈmerɪkən]	a.	美国的；美国人的 n. 美国人
among	[əˈmʌŋ]	prep.	在……中间；在（三个以上）之间
amount	[əˈmaʊnt]	n./v.	金额，数量，总计
ample	[ˈæmp(ə)l]	a.	足够的，丰裕的
amuse	[əˈmjuːz]	vt.	（使人）快乐，逗乐
ancestor	[ˈænsestə(r)]	n.	祖宗；祖先
anchor	[ˈæŋkə(r)]	v./n.	锚，抛锚
ancient	[ˈeɪnʃənt]	a.	古代的，古老的
and	[ənd, ænd]	conj.	和；又；而

anecdote	[ˈænɪkdəʊt]	n.	逸事，趣闻
anger	[ˈæŋɡə(r)]	n.	怒，愤怒
angle	[ˈæŋɡ(ə)l]	n.	角度
angry	[ˈæŋgri]	a.	生气的，愤怒的
animal	[ˈænɪm(ə)l]	n.	动物
ankle	[ˈæŋk(ə)l]	n.	踝，踝关节
anniversary	[ænɪˈvɜːsəri]	n.	周年纪念日
announce	[əˈnaʊns]	vt.	宣布，宣告
announcement	[əˈnaʊnsmənt]	n.	通告，通知
annoy	[əˈnɔɪ]	vt.	（使）烦恼
annual	[ˈænjʊəl]	a.	每年的，年度的，一年一次的
another	[əˈnʌðə(r)]	a. pron.	再一；另一；别的；不同的 另一个
answer	[ˈɑːnsə(r)；(US)ˈænsər]	n.	回答，答复；回信；答案 v. 回答，答复；回信；（做出）答案
ant	[ænt]	n.	蚂蚁
Antarctic	[ænˈtɑːktɪk]	a.	南极的
the Antarctic	[ænˈtɑːktɪk]		南极
Antarctica	[ænˈtɑːktikə] *	n.	南极洲
antique	[ænˈtiːk]	n.	古董
anxiety	[æŋˈzaɪəti]	n.	担忧，焦虑
anxious	[ˈæŋkʃəs]	a.	忧虑的，焦急的
apart	[əˈpɑːt]	ad./a.	相隔，相距，除外
apartment	[əˈpɑːtmənt]	n.	（美）楼中单元房，一套房间；房间
apologize	[əˈpɒlədʒaɪz]	vi.	道歉，谢罪
apology	[əˈpɒlədʒi]	n.	道歉；歉意
apparent	[əˈpærənt]	a.	显而易见
appear	[əˈpɪə(r)]	vi.	出现
appearance	[əˈpɪərəns]	n.	出现，露面；容貌
appendix	[əˈpendɪks]	n.	附录，阑尾
appetite	[ˈæpɪtaɪt]	n.	食欲，胃口
applaud	[əˈplɔːd]	v./n.	鼓掌，赞许，赞赏

applicant	[ˈæplɪkənt]	n.	申请人
application	[æplɪˈkeɪʃ(ə)n]	n.	申请
apply	[əˈplaɪ]	v.	申请
appoint	[əˈpɔɪnt]	v.	任命，委任，安排，确定（时间，地点）
appointment	[əˈpɔɪntmənt]	n.	约会
appreciate	[əˈpriːʃieɪt]	v.	欣赏；感激
appreciation	[əpriːʃɪˈeɪʃ(ə)n]	n.	欣赏，鉴定，评估
approach	[əˈprəʊtʃ]	n./v.	靠近，接近，建议，要求
appropriate	[əˈprəʊprɪət]	a.	合适的，恰当的
approve	[əˈpruːv]	v.	赞成，同意，批准，通过
arbitrary	[ˈɑːbɪtrərɪ；(US) ˈɑːrbɪtreri]	a.	随心所欲的，独裁的，专断的
architect	[ˈɑːkɪtekt]	n.	建筑师，设计师
architecture	[ˈɑːkɪtektʃə(r)]	n.	建筑学，建筑设计，风格
April	[ˈeɪpr(ə)l]	n.	4 月
Arab	[ˈærəb]*	a.	阿拉伯的 n. 阿拉伯人
Arabic	[ˈærəbɪk]	a.	阿拉伯语的 n. 阿拉伯语
Arctic	[ˈɑːktɪk]	a.	北极的
the Arctic	[ˈɑːktɪk]		北极
the Arctic Ocean	[ˈɑːktɪk ˈəʊʃ(ə)n]		北冰洋
area	[ˈeərɪə]	n.	面积；地域，地方，区域；范围，领域
argue	[ˈɑːgjuː]	vi.	争辩，争论
argument	[ˈɑːgjʊmənt]	n.	争论，辩论
arise(arose, arisen)	[əˈraɪz]	vi.	起来，升起；出现
arithmetic	[əˈrɪθmətɪk]	n.	算术
army	[ˈɑːmi]	n.	军队
around	[əˈraʊnd]	ad. prep.	在周围；在附近 在……周围；大约
arrange	[əˈreɪndʒ]	v.	安排，布置
arrangement	[əˈreɪndʒmənt]	n.	安排，布置
arrest	[əˈrest]	v.	逮捕，拘留

arrive	[əˈraɪv]	vi.	到达；达到
arrow	[ˈærəʊ]	n.	箭；箭头
art	[ɑːt]	n.	艺术，美术；技艺
article	[ˈɑːtɪk(ə)l]	n.	文章；东西，物品；冠词
artificial	[ɑːtɪˈfɪʃ(ə)l]	a.	人工的，人造的
artist	[ˈɑːtɪst]	n.	艺术家
ash	[æʃ]	n.	灰；灰末
ashamed	[əˈʃeɪmd]	a.	惭愧；害臊
Asia	[ˈeɪʃə]*	n.	亚洲
Asian	[ˈeɪʃ(ə)nˌˈeɪʒ(ə)n]	a. n.	亚洲（人）的 亚洲人
aside	[əˈsaɪd]	ad.	在旁边
ask	[ɑːsk]	v.	问；请求，要求；邀请
asleep	[əˈsliːp]	a.	睡着的，熟睡
aspect	[ˈæspekt]	n.	方面，外观，外表
assess	[əˈses]	v.	评价，评定（性质，质量）
assessment	[əˈsesmənt]	n.	看法，评价
assist	[əˈsɪst]	v.	帮助，协助
assistance	[əˈsɪst(ə)ns]	n.	帮助，援助，支持
assistant	[əˈsɪst(ə)nt]	n.	助手，助理
associate	[əˈsəʊʃɪeɪt]	v.	联想，联系
association	[əsəʊsɪˈeɪʃ(ə)n]	n.	协会，社团，联系
assume	[əˈsjuːmˌ(US)əˈsuːm]	v.	假定，假设
assumption	[əˈsʌmpʃ(ə)n]	n.	假定，假设
astonish	[əˈstɒnɪʃ]	vt.	使惊讶
astronaut	[ˈæstrənɔːt]	n.	宇航员
astronomer	[əˈstrɒnəmə(r)]	n.	天文学家
astronomy	[əˈstrɒnəmi]	n.	天文学
athlete	[ˈæθliːt]	n.	运动员
athletic	[æθˈletɪk]	a.	健壮的，体育运动的
athletics	[æθˈletɪks]	n.	田径运动
Atlantic	[ətˈlæntɪk]	a.	大西洋的

the Atlantic Ocean	[ət'læntɪk'əuʃ(ə)n]		大西洋
atmosphere	['ætməsfɪə(r)]	n.	大气；气氛
atom	['ætəm]	n.	原子，微粒
attach	[ə'tætʃ]	v.	把……固定，重视
attack	[ə'tæk]	vt./n.	攻击，袭击
attain	[ə'teɪn]	v.	（经过努力）获得，得到
attempt	[ə'tempt]	vt.	试图，尝试
attend	[ə'tend]	v.	看护，照料，服侍；出席，参加
attention	[ə'tenʃ(ə)n]	n.	注意，关心
attentively	[ə'tentivli]	ad.	注意地
attitude	['ætɪtjuːd；(US)'ætɪtud]	n.	态度，看法
attract	[ə'trækt]	v.	吸引，引起
attraction	[ə'trækʃ(ə)n]	n.	吸引，爱慕
attractive	[ə'træktɪv]	a.	迷人的，有吸引力的
audience	['ɔːdɪəns]	n.	观众，听众
authentic	[ɔː'θentɪk]	a.	真正的，真品的
author	['ɔːθə(r)]	n.	作者，作家
authority	[ɔː'θɒrɪti]	n.	权力，权威，威信，官方
automatic	[ɔːtə'mætɪk]	a.	自动的，机械的
autonomous	[ɔː'tɒnəməs]	a.	自治的，自主的
August	['ɔːgəst]	n.	8月
aunt	[ɑːnt；(US)ænt]	n.	伯母；舅母；婶；姑；姨
Australia	[ə'streɪljə]*	n.	澳洲；澳大利亚
Australian	[ə'streɪlɪən]	a. n.	澳洲的，澳大利亚人的 澳大利亚人
autumn	['ɔːtəm]	n.	秋天，秋季
available	[ə'veɪləbl]	a.	可获得的，有空的
avenue	['ævənjuː]	n.	大道
average	['ævərɪdʒ]	a. n.	平均；普通的 平均数
avoid	[ə'vɔɪd]	v.	避免，躲开，逃避
awake（awoke,awoken）	[ə'weɪk]	v. a.	唤醒 醒着的

award	[əˈwɔːd]	n.	奖品，奖励
aware	[əˈweə(r)]	a.	知道，意识到，发觉
away	[əˈwei]	ad.	离开；远离
awesome	[ˈɔːsəm]	a.	令人惊叹，很困难的
awful	[ˈɔːfʊl]	a.	很坏的，极讨厌的
awkward	[ˈɔːkwəd]	a.	令人尴尬，使人难堪的

B			
baby	[ˈbeɪbi]	n.	婴儿
bachelor	[ˈbætʃələ(r)]	n.	未婚男子，单身汉
back	[bæk]	ad. a. n.	回（原处）；向后 后面的 背后，后部；背
backache	[ˈbækeɪk]	n.	背痛
background	[ˈbækɡraʊnd]	n.	背景
backward（s）	[ˈbækwəd]	ad.	向后
bacterium （复 bacteria）	[bækˈtɪərɪəm]	n.	细菌
badminton	[ˈbædmɪntən]	n.	羽毛球
bag	[bæg]	n.	书包；提包；袋子
baggage	[ˈbæɡɪdʒ]	n.	行李
bake	[beɪk]	v.	烤，烘（面包）
bakery	[ˈbeɪkəri]	n.	面包店
ball	[bɔːl]	n.	球；舞会
balloon	[bəˈluːn]	n.	气球
bamboo	[bæmˈbuː]	n.	竹
ban	[bæn]	n. v.	禁令 禁止；取缔
band	[bænd]	n.	乐队
bandage	[ˈbændɪdʒ]	n.	绷带
bank	[bæŋk]	n.	(河海湖的) 岸，堤；银行
bank account	[bæŋk əˈkaʊnt]	n.	银行账户
bar	[bɑː(r)]	n.	条(长方)块，棒，横木，(酒店的) 买酒柜台；酒吧；(卖东西的) 柜台

barbecue	[ˈbɑːbɪkjuː]	n.	烤肉野餐
barber	[ˈbɑːbə(r)]	n.	（为男人理发）理发师
barbershop	[ˈbɑːbərˌʃɑp]	n.	理发店
bare	[beə(r)]	a.	裸露的，光秃秃的
bargain	[ˈbɑːgɪn]	n.	（经讨价还价后）成交的商品；廉价货
		v.	讨价还价
barrier	[ˈbærɪə]	n.	屏障，障碍，关卡
base	[beɪs]	n.	根据地，基地（棒球）垒
baseball	[ˈbeɪsbɔːl]	n.	棒球
basic	[ˈbeɪsɪk]	a.	基本的
basin	[ˈbeɪs(ə)n]	n.	水盆，脸盆
basis	[ˈbeɪsɪs]	n.	原因，缘由，要素
basket	[ˈbɑːskɪt; (US)ˈbæskɪt]	n.	篮子
basketball	[ˈbɑːskɪtbɔːl]	n.	篮球
bat	[bæt]	n.	（棒球、板球的）球棒；蝙蝠
bath	[bɑːθ; (US)bæθ]	n.	洗澡；浴室；澡盆
bathroom	[ˈbɑːθruːm]	n.	浴室，盥洗室
battery	[ˈbætəri]	n.	电池
bay	[bei]	n.	湾；海湾
BC	[ˌbiːˈsiː]	n.	公元前
beach	[biːtʃ]	n.	海滨，海滩
bean	[biːn]	n.	豆，豆科植物
beancurd	[ˈbiːnkəːd]	n.	豆腐
bear	[beə(r)]	v.	承受，负担，承担；忍受；容忍
		n.	熊
beast	[biːst]	n.	野兽；牲畜
beat(beat, beaten)	[biːt]	v.	敲打；跳动；打赢
		n.	（音乐）节拍
beautiful	[ˈbjuːtɪf(ə)l]	a.	美，美丽，美观的
beauty	[ˈbjuːti]	n.	美丽，美人
because	[bɪˈkɒz; (US)bɪˈkɔːz]	conj.	因为
beehive	[ˈbiːhaɪv]	n.	蜂箱

beer	[bɪə(r)]	n.	啤酒
beg	[beg]	v.	请求，乞求，乞讨
begin(began,begun)	[bɪ'gɪn]	v.	开始，着手
beginning	[bɪ'gɪnɪŋ]	n.	开始，开端
behalf	[bɪ'hɑ:f]	n.	代表某人，为了某人
behave	[bɪ'heɪv]	v.	守规矩，行为
behaviour	[bɪ'heɪvjər]	n.	行为，举止
behind	[bɪ'haɪnd]	prep. ad.	（表示位置）在……后面 在后面；向后
Belgium	['beldʒəm]*	n.	比利时
belief	[bɪ'li:f]	n.	信条，信念
believe	[bɪ'li:v]	v.	相信，认为
bell	[bel]	n.	钟，铃；钟（铃）声；钟形物
belly	['beli]	n.	肚子
belong	[bɪ'lɔŋ]	vi.	属，附属
below	[bɪ'ləʊ]	prep.	在……下面
belt	[belt]	n.	（皮）带
bench	[bentʃ]	n.	长凳；工作台
bend (bent, bent)	[bend]	vt.	使弯曲
beneath	[bɪ'ni:θ]	prep.	在……下方（面）
beneficial	[benɪ'fɪʃ(ə)l]	a.	有利的，有帮助的，有用的
benefit	['benɪfɪt]	n./v.	优势，益处，使……受益
bent	[bent]	a.	弯的
beside	[bɪ'saɪd]	prep.	在……旁边；靠近
besides	[bɪ'saɪdz]	prep. ad.	除……以外（还有） 还有，此外
best（good, well 的最高级）	[best]	a.&ad. n.	最好的；最好地，最 最好的（人或物）
best-seller	[best-'selə(r)]	n.	畅销书
better（good, well 的比较级）	['betə(r)]	a.&ad. n. v.	较好的，更好的；好些；更好地 更，更多 较好的事物；较优者 改善；胜过

between	[bɪ'twiːn]	*prep.*	在（两者）之间；在……中间
beyond	[bɪ'jɔnd]	*prep.*	（表示位置）在……的那边
bicycle	['baɪsɪk(ə)l]	*n.*	自行车
bid	[bɪd]	*v./n.*	出价，投标，向（某人）道别
bike = bicycle	[baɪk]	*n.*	自行车
bill	[bɪl]	*n.*	账单；法案，议案；（美）钞票，纸币
billion	['bɪlɪən]	*num.*	十亿，百亿
bingo	['bɪŋɡəʊ]	*n.*	宾戈游戏
biochemistry	[ˌbaɪəʊ'kemɪstri]	*n.*	生物化学
biography	[baɪ'ɔɡrəfi]	*n.*	传记
biology	[baɪ'ɔlədʒi]	*n.*	生物（学）
bird	[bɜːd]	*n.*	鸟
birth	[bɜːθ]	*n.*	出生；诞生
birthday	['bɜːθdei]	*n.*	生日
birthplace	['bɜːθpleɪs]	*n.*	出生地；故乡
biscuit	['bɪskɪt]	*n.*	饼干
bit	[bɪt]	*n.*	一点，一些，少量的
bite (bit, bitten)	[baɪt]	*v.*	咬；叮
bitter	['bɪtə(r)]	*a.*	有苦味的；痛苦的，难过的；严酷的
black	[blæk]	*n.* *a.*	黑色 黑色的
blackboard	['blækbɔːd]	*n.*	黑板
blame	[bleɪm]	*n./v.*	责备；责怪
blank	[blæŋk]	*n./a.*	空格，空白（处）；空的；茫然无表情的
bleed	[bliːd]	*vi.*	出血，流血
bless	[bles]	*vt.*	保佑，降福
blind	[blaɪnd]	*a.*	瞎的
block	[blɔk]	*n.* *vt.*	大块；（木、石等）块；街区；路障 阻塞；阻挡
blood	[blʌd]	*n.*	血，血液

blow	[bləʊ]	n.	击；打击
blow(blew, blown)	[bləʊ]	v.	吹；刮风；吹气
blue	[bluː]	n.	蓝色
		a.	蓝色的；悲伤的；沮丧的
board	[bɔːd]	n.	木板；布告牌；委员会；（政府的）部
		v.	上（船、火车、飞机）
boat	[bəʊt]	n.	小船，小舟
boil	[bɔɪl]	v.	沸腾；烧开；煮……
bomb	[bɒm]	n.	炸弹
		v.	轰炸
bond	[bɒnd]	n./v.	纽带，联系，使牢固
bone	[bəʊn]	n.	骨头，骨质（复数 bones，骨骼；骨骸）
bonus	['bəʊnəs]	n.	津贴，奖金，红利
boom	[buːm]	n./v.	繁荣，轰鸣，激增
boot	[buːt]	n.	靴子
border	['bɔːdə(r)]	n.	边缘；边境，国界
bored	[bɔːd]	a.	（对人，事）厌倦的，烦闷的
boring	['bɔːrɪŋ]	a.	乏味的，无聊的
born	[bɔːn]	a.	出生
borrow	['bɒrəʊ]	v.	（向别人）借用；借
botany	['bɒtəni]	n.	植物；植物学
both	[bəʊθ]	a.	两；双
		pron.	两者；双方
bottle	['bɒt(ə)l]	n.	瓶子
bottom	['bɒtəm]	n.	底部；底
bounce	[baʊns]	v.	弹起，蹦，上下晃动
bound	[baʊnd]	a.	被束缚的；被绑的；有义务的
		v./n.	跳跃
boundary	['baʊndəri]	n.	边界，界限
bow	[bəʊ]	v./n.	鞠躬，弯腰行礼
bowl	[bəʊl]	n.	碗

bowling	[ˈbəʊlɪŋ]	n.	保龄球
boycott	[ˈbɔɪkɔt]	v.	拒绝购买，抵制
brain	[breɪn]	n.	脑（子）
branch	[brɑːntʃ]	n.	树枝；分枝；分公司，分店；支部
brand	[brænd]	n.	品牌
brave	[breɪv]	a.	勇敢的
bravery	[ˈbreɪvəri]	n.	勇气
bread	[bred]	n.	面包
break （broke, broken)	[breɪk]	v.	打破（断，碎）；损坏，撕开
breakfast	[ˈbrekfəst]	n.	早餐
breakthrough	[ˈbreɪkθruː]	n.	重大进展，突破
breast	[brest]	n.	乳房，胸脯
breath	[breθ]	n.	气息；呼吸
breathe	[briːð]	vi.	呼吸
brick	[brɪk]	n.	砖；砖块
bridge	[brɪdʒ]	n.	桥
brief	[briːf]	a.	简洁的
bright	[braɪt]	a.	明亮的；聪明的
brilliant	[ˈbrɪliənt]	a.	巧妙的，使人印象深刻的，技艺高的
bring (brought, brought)	[brɪŋ]	vt.	拿来，带来，取来
Britain	[ˈbrɪtən]*	n.	英国；不列颠
British	[ˈbrɪtɪʃ]	a.	英国的；大不列颠的；英国人的
broad	[brɔːd]	a.	宽的，宽大的
broadcast	[ˈbrɔːdkɑːst]	n. / vt.	广播节目 / 广播
brochure	[brəʊˈʃə(r); (US)brəʊˈʃʊər]	n.	资料（或广告）手册
brunch	[ˈbrʌntʃ]	n.	早午饭（晚早饭）
brush	[brʌʃ]	v. / n.	刷；擦 / 刷子

budget	[ˈbʌdʒɪt]	n.	预算
buffet	[ˈbʊfeɪ; (US)bəˈfei]	n.	自助餐
build (built, built)	[bɪld]	v.	建筑；造
building	[ˈbɪldɪŋ]	n.	建筑物；房屋；大楼
bunch	[bʌntʃ]	n.	串，束，扎，大量，大批
burden	[ˈbɜːd(ə)n]	n.	（义务，责任的）重担，负担
burial	[ˈberɪəl]	n.	埋葬
burn (-ed, -ed 或 burnt, burnt)	[bɜːn]	v. n.	燃，烧，着火；使烧焦；使晒黑 烧伤；晒伤
burst	[ˈbɜːst]	v.	突然发生；突然发作
bury	[ˈberi]	vt.	埋；葬
bush	[bʊʃ]	n.	灌木丛，矮树丛
business	[ˈbɪznɪs]	n.	（本分）工作，职业；职责；生意，交易；事业
butter	[ˈbʌtə(r)]	n.	黄油，奶油
button	[ˈbʌt(ə)n]	n. v.	纽扣；（电铃等的）按钮 扣（纽扣）

C			
cabbage	[ˈkæbɪdʒ]	n.	卷心菜，洋白菜
café	[ˈkæfeɪ; (US)kæˈfei]	n.	咖啡馆；餐馆
cafeteria	[kæfɪˈtɪərɪə]	n.	自助餐厅
calculate	[ˈkælkjʊleɪt]	v.	计算，核算，推测
calm	[kɑːm; (US)kɑːlm]	a. v.	镇静，沉着的 镇静，沉着
camel	[ˈkæm(ə)l]	n.	骆驼
camera	[ˈkæmərə]	n.	照相机；摄像机
camp	[kæmp]	n. vi.	（夏令）营 野营，宿营
campaign	[kæmˈpeɪn]	n.	运动，战役
can	[ken, kæn]	n.	（美）罐头；罐子
Canada	[ˈkænədə] *	n.	加拿大
Canadian	[kəˈneɪdɪən]	a. n.	加拿大的；加拿大人的 加拿大人
canal	[kəˈnæl]	n.	运河；水道

cancel	['kæns(ə)l]	vt.	取消
cancer	['kænsə(r)]	n.	癌
candidate	['kændɪdət; (US)'kændɪdeɪt]	n.	候选人，申请人
candle	['kænd(ə)l]	n.	蜡烛
candy	['kændi]	n.	糖果
cap	[kæp]	n.	（无檐的或仅在前面有檐的）帽子；（瓶子的）盖；（钢笔等的）笔套
capital	['kæpɪt(ə)l]	n.	首都，省会，大写；资本
capsule	['kæpsjuːl; (US) 'kæpsl]	n.	（药）胶囊
captain	['kæptɪn]	n.	（海军）上校；船长，舰长；队长
carbon	['kɑːbən]	n.	碳
care	[keə(r)]	n.	照料，保护；小心
		v.	介意……，在乎；关心
careful	['keəful]	a.	小心，仔细，谨慎的
careless	['keəlɪs]	a.	粗心的，漫不经心的
carpenter	['kɑːpɪntə(r)]	n.	木工，木匠
carpet	['kɑːpɪt]	n.	地毯
carrot	['kærət]	n.	胡萝卜
carry	['kæri]	vt.	拿，搬，带，提，抬，背，抱，运等
cartoon	[kɑː'tuːn]	n.	动画片，卡通；漫画
carve	[kɑːv]	vt.	刻；雕刻
case	[keɪs]	n.	情况；病例；案件，真相；箱；盒；容器
cash	[kæʃ]	n.	现金，现钞
		v.	兑现
cast (cast, cast)	[kɑːst; (US)kæst]	v.	扔，抛，撒
castle	['kɑːs(ə)l; (US)'kæsl]	n.	城堡
casual	['kæʒʊəl]	a.	漫不经心的，不经意的，非正式的
catalogue	['kætələɡ]	n.	目录
catastrophe	[kə'tæstrəfi]	n.	灾难，灾祸，不幸事件
catch(caught, caught)	[kætʃ]	v.	接住；捉住；赶上；染上（疾病）

category	[ˈkætəgəri]	n.	类别，种类
cathedral	[kəˈθiːdr(ə)l]	n.	大教堂（天主教）
cattle	[ˈkæt(ə)l]	n.	牛（总称），家畜
cause	[kɔːz]	n. vt.	原因，起因 促使，引起，使发生
caution	[ˈkɔːʃ(ə)n]	n.	谨慎，小心，警告
cautious	[ˈkɔːʃəs]	a.	小心的，谨慎的
cave	[keɪv]	n.	洞，穴；地窖
ceiling	[ˈsiːlɪŋ]	n.	天花板，顶棚
celebrate	[ˈselɪbreɪt]	v.	庆祝
celebration	[selɪˈbreɪʃ(ə)n]	n.	庆祝；庆祝会
cell	[sel]	n.	（监狱的）单人牢房；（修道院等的）单人小室；（蜂巢的）小蜂窝，蜂房；[生物]细胞
cellar	[ˈselə(r)]	n.	地窖；地下储藏室
cent	[sent]	n.	美分（100 cents = 1 dollar）
central	[ˈsentr(ə)l]	a.	中心，中央；主要的
centre（美 center）	[ˈsentə(r)]	n.	中心，中央
century	[ˈsentʃəri]	n.	世纪，百年
ceremony	[ˈserɪməni]	n.	典礼，仪式，礼节
certain	[ˈsɜːt(ə)n]	a.	（未指明真实名称的）某……；确定的，无疑的；一定会……
certificate	[səˈtɪfɪkət]	n.	证明，证明书
challenge	[ˈtʃælɪndʒ]	n.	挑战（性）
challenging	[ˈtʃælɪndʒɪŋ]	a.	具有挑战性的
champion	[ˈtʃæmpɪən]	n.	冠军，优胜者
chance	[tʃɑːns; (US)tʃæns]	n.	机会，可能性
change	[tʃeɪndʒ]	n. v.	零钱；找头 改变，变化；更换；兑换
channel	[ˈtʃæn(ə)l]	n.	频道；通道；水渠
chaos	[ˈkeɪɒs]	n.	混乱，杂乱，紊乱
character	[ˈkærɪktə(r)]	n.	（汉）字，字体；品格
characteristic	[kærɪktəˈrɪstɪk]	a.	典型的，独特的

charge	[tʃɑ:dʒ]	v. n.	要求收费；索价；将（电池）充电 费用；价钱
chapter	['tʃæptə(r)]	n.	章
chart	[tʃɑ:t]	n.	图表；航海图
chat	[tʃæt]	n./vi.	聊天，闲谈
cheap	[tʃi:p]	a.	便宜的，贱
cheat	[tʃi:t]	n./v.	骗取，哄骗；作弊
check	[tʃek]	n. vt.	检查；批改 校对，核对；检查；批改
cheek	[tʃi:k]	n.	面颊，脸蛋
cheer	[tʃɪə(r)]	n./vi.	欢呼；喝彩
cheese	[tʃi:z]	n.	奶酪
chef	[ʃef]	n.	厨师长，主厨
chemical	['kemɪk(ə)l]	a. n.	化学的 化学品
chemist	['kemɪst]	n.	药剂师；化学家
chemistry	['kemɪstri]	n.	化学
cheque (美 check)	[tʃek]	n.	支票
chess	[tʃes]	n.	棋
chest	[tʃest]	n.	箱子；盒子；胸部
chew	[tʃu:]	vt.	咀嚼
chicken	['tʃɪkən]	n.	鸡；鸡肉
chief	[tʃi:f]	a. n.	主要，首要的 领导，头
child（复 children）	[tʃaɪld]	n.	孩子，儿童
childhood	['tʃaɪldhʊd]	n.	幼年时代，童年
China	['tʃaɪnə]*	n.	中国
Chinese	[tʃaɪ'ni:z]	a. n.	中国的；中国人的；中国话的，汉语的 中国人；中国话，汉语，中文
chips	[tʃɪps]	n.	（pl.）炸土豆条（片）
chocolate	['tʃɒklət]	n.	巧克力
choice	[tʃɔɪs]	n.	选择；抉择

choose(chose, chosen)	[tʃuːz]	vt.	选择
Christmas	[ˈkrɪsməs]	n.	圣诞节（12 月 25 日）
church	[tʃɜːtʃ]	n.	教堂；教会
cigar	[sɪˈgɑː(r)]	n.	雪茄烟
cigarette	[sɪgəˈret]	n.	纸烟，香烟
cinema	[ˈsɪnəmə]	n.	电影院；电影
circle	[ˈsɜːk(ə)l]	n./vt.	圆圈，将……圈起来
circuit	[ˈsɜːkɪt]	n.	环形路线，巡回赛
circulate	[ˈsɜːkjʊleɪt]	v.	（液体或气体）环流，循环
circumstance	[ˈsɜːkəmstəns]	n.	条件，环境，状况
citizen	[ˈsɪtɪz(ə)n]	n.	公民；居民
city	[ˈsɪti]	n.	市，城市，都市
civil	[ˈsɪv(ə)l]	a.	国内的；平民（非军人）的；民用的
civilian	[sɪˈvɪlɪən]	n.	平民，老百姓
civilization	[sɪvɪlaɪˈzeɪʃ(ə)n; (US)sɪvəlɪˈzeɪʃən]	n.	文明
clap	[klæp]	vi.	拍手；鼓掌
clarify	[ˈklærɪfaɪ]	v.	澄清，阐明
class	[klɑːs;(US)klæs]	n.	（学校的）班；年级；课
classic	[ˈklæsɪk]	a.	一流的，典型的，有代表性的
classical	[ˈklæsɪk(ə)l]	a.	传统的；古典的
classify	[ˈklæsɪfaɪ]	v.	分类，归类
claw	[klɔː]	n.	爪
clay	[klei]	n.	黏土，陶土
clean	[kliːn]	vt.	弄干净，擦干净 a. 清洁的，干净的
cleaner	[kliːnə(r)]	n.	清洁工，清洁器，清洁剂
clear	[klɪə(r)]	a.	清晰的；明亮的；清楚的
clearly	[ˈklɪəli]	ad.	清楚地，无疑地
clerk	[klɑːk;(US)klɜrk]	n.	书记员；办事员；职员
click	[klɪk]	v.	点击（计算机用语）
climate	[ˈklaɪmɪt]	n.	气候

climb	[klaɪm]	v.	爬，攀登
clinic	[ˈklɪnɪk]	n.	诊所
cloth	[klɒθ; (US)klɔθ]	n.	布
clothes	[kləʊðz; (US)kləʊz]	n.	衣服；各种衣物
clothing	[ˈkləʊðɪŋ]	n.	（总称）衣服
cloud	[ˈklaʊd]	n.	云；云状物；阴影
cloudy	[ˈklaʊdi]	a.	多云的，阴天的
club	[klʌb]	n.	俱乐部；纸牌中的梅花
coach	[kəʊtʃ]	n.	教练；马车；长途车
coal	[kəʊl]	n.	煤；煤块
coast	[kəʊst]	n.	海岸；海滨
coin	[kɔɪn]	v.	硬币
coincidence	[kəʊˈɪnsɪdəns]	n.	巧合，巧事
collar	[ˈkɒlə(r)]	n.	衣领；硬领
colleague	[ˈkɒliːg]	n.	同事
collect	[kəˈlekt]	vt.	收集，搜集
collection	[kəˈlekʃ(ə)n]	n.	收藏品，收集物
college	[ˈkɒlɪdʒ]	n.	学院；专科学校
collision	[kəˈlɪʒ(ə)n]	n.	碰撞事故
combine	[kəmˈbaɪn]	vt.	使联合；使结合
come (came, come)	[kʌm]	vi.	来，来到
comedy	[ˈkɒmədi]	n.	喜剧
comfort	[ˈkʌmfət]	n.	安慰；慰问
comfortable	[ˈkʌmfətəb(ə)l; (US)ˈkʌmfərtəbl]	a.	舒服的；安逸的；舒服自在的
command	[kəˈmɑːnd; (US)kəˈmænd]	n./v.	命令
comment	[ˈkɒment]	n.	评论
commercial	[kəˈmɜːʃl]	a.	贸易的，商业的
commit	[kəˈmɪt]	v.	犯（罪，错，自杀
commitment	[kəˈmɪtmənt]	n.	承诺，允诺，承担
committee	[kəˈmɪti]	n.	委员会
common	[ˈkɒmən]	a.	普通，一般；共有的

communicate	[kəˈmjuːnɪkeɪt]	v.	交际；传达（感情，信息等）
communication	[kəmjuːnɪˈkeɪʃ(ə)n]	n.	交际，交往；通讯
companion	[kəmˈpænɪən]	n.	同伴；同事
company	[ˈkʌmpəni]	n.	公司
compare	[kəmˈpeə(r)]	vt.	比较，对照
compass	[ˈkʌmpəs]	n.	罗盘，指南针
compensate	[ˈkɒmpenseɪt]	v.	补偿，弥补
compete	[kəmˈpiːt]	vi.	比赛，竞赛
competition	[kɒmpəˈtɪʃ(ə)n]	n.	比赛，竞赛
competitor	[kəmˈpetɪtə(r)]	n.	竞赛者，比赛者
complete	[kəmˈpliːt]	a. vt.	完成 完成，结束
complex	[ˈkɒmpleks]	a./n.	复杂的，建筑群
component	[kəmˈpəʊnənt]	n.	组成部分，部件
composition	[kɒmpəˈzɪʃ(ə)n]	n.	作文；作曲
comprehension	[kɒmprɪˈhenʃ(ə)n]	n.	理解
compulsory	[kəmˈpʌlsəri]	a.	强制的，必须做的
computer	[kəmˈpjuːtə(r)]	n.	电子计算机
computer game	[kəmˈpjuːtə(r)geɪm]		电脑游戏
concentrate	[ˈkɒnsəntreɪt]	v.	聚精会神
concept	[ˈkɒnsept]	n.	概念
concern	[kənˈsɜːn]	v./n.	涉及，关心
concert	[ˈkɒnsət]	n.	音乐会；演奏会
conclude	[kənˈkluːd]	v.	完成，结束
conclusion	[kənˈkluːʒ(ə)n]	n.	结论；结束
concrete	[ˈkɒŋkriːt]	a.	混凝土制的
condition	[kənˈdɪʃ(ə)n]	n.	条件，状况
conduct	[ˈkɒndʌkt]	vt.	引导，带领
confident	[ˈkɒnfɪdənt]	a.	自信的
confidential	[kɒnfɪˈdenʃ(ə)l]	a.	机密的，保密的
conference	[ˈkɒnfərəns]	n.	（正式的）会议；讨论
confirm	[kənˈfɜːm]	v.	证实，证明，确认

conflict	[ˈkɒnflɪkt]	n.	冲突，争执，争论
confuse	[kənˈfjuːz]	v.	使迷惑，混淆
congratulation	[kəngrætjʊˈleɪʃ(ə)n]	n.	祝贺，庆贺
connect	[kəˈnekt]	v.	连接，把……联系起来
connection	[kəˈnekʃ(ə)n]	n.	连接物；接触，联系
consensus	[kənˈsensəs]	n.	一致的意见，共识
consequence	[ˈkɒnsɪkwəns]	n.	结果，后果
consider	[kənˈsɪdə(r)]	vt.	考虑
consist	[kənˈsɪst]	v.	包含，组成，构成
constant	[ˈkɒnstənt]	a.	经常的，不断的
construction	[kənˈstrʌkʃ(ə)n]	n.	建造，建设，建筑物
consult	[kənˈsʌlt]	v.	咨询，商量
consultant	[kənˈsʌltənt]	n.	顾问
consume	[kənˈsjuːm]	v.	消耗，耗费（燃料，能量，时间等）
contain	[kənˈteɪn]	v.	包含；包括；能容纳
container	[kənˈteɪnə(r)]	n.	容器
contemporary	[kənˈtempərərɪ; (US)kənˈtempəreri]	a.	属同时期的，同一时代的
content	[kənˈtent]	a. n.	甘愿的，满意的 内容
continent	[ˈkɒntɪnənt]	n.	大陆，大洲；陆地
continue	[kənˈtɪnjuː]	vi.	继续
contradict	[kɒntrəˈdɪkt]	v.	反驳，驳斥，批驳
contradictory	[ˌkɒntrəˈdɪktəri]	a.	相互矛盾，对立的
contrary	[ˈkɒntrərɪ; (US) ˈkɒntreri]	n./a.	相反；相反的
contribute	[kənˈtrɪbjuːt]	v.	贡献
control	[kənˈtrol]	vt./n.	控制
controversial	[kɒntrəˈvɜːʃ(ə)l]	a.	引起争论的，有争议的
convenient	[kənˈviːnɪənt]	a.	便利的，方便的
conventional	[kənˈvenʃən(ə)l]	a.	依照惯例的，习惯的
conversation	[kɒnvəˈseɪʃ(ə)n]	n.	谈话，交谈
convey	[kənˈvei]	v.	表达，传递（思想，感情等）

convince	[kən'vɪns]	v.	使确信，使信服
coral	['kɒr(ə)l; (US)'kɔːrəl]	n.	珊瑚；珊瑚虫
corner	['kɔːnə(r)]	n.	角；角落；拐角
corporation	[kɔːpə'reɪʃ(ə)n]	n.	（大）公司
correct	[kə'rekt]	v.	改正；纠正 a. 正确的，对的；恰当的
correspond	[kɒrɪ'spɒnd; (US)kɔːrə'spɒnd]	vi.	一致；与……相当；（与人）通信，有书信往来
corrupt	[kə'rʌpt]	a./v.	贪污的，腐败的，使腐化，堕落
cost (cost, cost)	[kɒst; (US)kɔːst]	v.	值（钱），花费 n. 价格
cosy	['kəʊzi]	a.	暖和舒适的，亲密无间的
cotton	['kɒt(ə)n]	n. a.	棉花 棉花的
cough	[kɒf; (US)kɔːf]	n./vi.	咳嗽
count	[kaʊnt]	vt.	数，点数
counter	['kaʊntə(r)]	n.	柜台，结账处
country	['kʌntri]	n.	国家；农村，乡下
countryside	['kʌntrɪsaɪd]	n.	乡下，农村
couple	['kʌp(ə)l]	n.	夫妇，一对
courage	['kʌrɪdʒ]	n.	勇气；胆略
course	[kɔːs]	n.	过程；经过；课程
court	[kɔːt]	n.	法庭；法院
courtyard	['kɔːtjɑːd]	n.	庭院，院子
cover	['kʌvə(r)]	n. v.	盖子；罩 覆盖，遮盖；掩盖
cow	[kaʊ]	n.	母牛，奶牛
co-worker	[ˌkəʊ'wɜːkə(r)]	n.	合作者；同事
crash	[kræʃ]	v./n.	碰撞，撞击
crazy	['kreɪzi]	a.	疯狂的
cream	[kriːm]	n.	奶油，乳脂
create	[kriː'eɪt]	vt.	创造；造成
creature	['kriːtʃə(r)]	n.	生物，动物
credit	['kredɪt]	n.	信用；信赖；信誉

crime	[kraɪm]	n.	（法律上的）罪，犯罪
criminal	[ˈkrɪmɪn(ə)l]	n.	罪犯
crew	[kruː]	n.	全体船员
criterion(pl.criteria)	[kraɪˈtɪərɪən]	n.	标准，准则，原则
crop	[krɔp]	n.	庄稼；收成
crossing	[ˈkrɔsɪŋ]	n.	十字路口，人行横道
crowd	[kraʊd]	n.	人群 vt.拥挤，群聚
crowded	[ˈkraʊdɪd]	a.	拥挤的
cruel	[ˈkruːəl]	a.	残忍的，残酷的；无情的
cry	[krai]	n. v.	叫喊；哭声 喊叫；哭
cube	[kjuːb]	n.	立方体
cubic	[ˈkjuːbɪk]	a.	立方体的，立方形的
cuisine	[kwɪˈziːn]	n.	饭菜，佳肴
culture	[ˈkʌltʃə(r)]	n.	文化
cupboard	[ˈkʌbəd]	n.	碗柜；橱柜
cure	[kjʊə(r)]	n./vt.	治疗；医好
curious	[ˈkjʊərɪəs]	a.	好奇的；奇异的
currency	[ˈkʌrənsi]	n.	货币；现金
curriculum	[kəˈrɪkjʊləm]	n.	（学校的）全部课程
curtain	[ˈkɜːt(ə)n]	n.	窗帘
custom	[ˈkʌstəm]	n.	习惯，习俗，风俗习惯
customer	[ˈkʌstəmə(r)]	n.	（商店）顾客，主顾
customs	[ˈkʌstəmz]	n.	海关，关税
cut (cut, cut)	[kʌt]	v./n.	切，剪，削，割，伤口
cycle	[ˈsaɪk(ə)l]	vi.	骑自行车
cyclist	[ˈsaɪklɪst]	n.	骑自行车的人
D			
daily	[ˈdeɪli]	a. ad. n.	每日的；日常的 每天 日报
dam	[dæm]	n.	水坝，堰堤

damage	[ˈdæmɪdʒ]	n./vt.	毁坏，损害
damp	[dæmp]	a./n.	潮湿（的）
danger	[ˈdeɪndʒə(r)]	n.	危险
dangerous	[ˈdeɪndʒərəs]	a.	危险的
dare	[deə(r)]	v.&aux.	（后接不带 to 的不定式；主要用于疑问，否定或条件句）敢，敢于
dark	[dɑːk]	n. a.	黑暗；暗处；日暮 黑暗的；暗淡的；深色的
data	[ˈdeɪtə ˈdɑːtə; (US)ˈdætə]	n.	资料，数据
database	[ˈdeɪtbeɪs]	n.	资料库，数据库
dawn	[dɔːn]	n.	黎明，拂晓
day	[dei]	n.	（一）天，（一）日；白天
dead	[ded]	a.	死的；无生命的
deadline	[ˈdedlaɪn]	n.	最后期限，截止日期
deaf	[def]	a.	聋的
deal	[diːl]	n.	量，数额；交易
death	[deθ]	n.	死
debate	[dɪˈbeɪt]	n./v.	讨论，辩论
debt	[det]	n.	债务；欠款
decade	[ˈdekeɪd]	n.	十年期
December	[dɪˈsembə(r)]	n.	12 月
decide	[dɪˈsaɪd]	v.	决定；下决心
decision	[dɪˈsɪʒ(ə)n]	n.	决定；决心
declare	[dɪˈkleə(r)]	vt.	声明；断言
decline	[dɪˈklaɪn]	v.	减少，下降，衰退，谢绝
decorate	[ˈdekəreɪt]	vt.	装饰……，修饰……
decrease	[dɪˈkriːs]	v.	减少，减小，降低
deep	[diːp]	a.	深 ad. 深；深厚
deeply	[ˈdiːpli]	ad.	深深地
defeat	[dɪˈfiːt]	vt.	击败；战胜
defence（美 defense）	[dɪˈfens]	n./v.	防御；防务
defend	[dɪˈfend]	vt.	防守；保卫
degree	[dɪˈgriː]	n.	程度；度数；学位

delay	[dɪ'leɪ]	v./n.	拖延，延误，延迟，延期；耽搁
delete	[dɪ'liːt]	v.	删去
deliberately	[dɪ'lɪbərətli]	ad.	故意，蓄意，存心
delicate	['delɪkət]	a.	易损的，易碎的
delicious	[dɪ'lɪʃəs]	a.	美味的，可口的
delight	[dɪ'laɪt]	n.	快乐；乐事
delighted	[di'laitid]	a.	高兴的，快乐的
deliver	[dɪ'lɪvə(r)]	vt.	投递（信件，邮包等）
demand	[dɪ'mɑːnd; (US) dɪ'mænd]	vt.	要求
dentist	['dentɪst]	n.	牙科医生
department（缩 Dept.）	[dɪ'pɑːtmənt]	n.	部门；（机关的）司，处；（大学的）系
departure	[dɪ'pɑːtʃə(r)]	n.	离开，启程
depend	[dɪ'pend]	vi.	依靠，依赖，指望，取决于
deposit	[dɪ'pɔzɪt]	v./n.	订金，押金，放下，放置，储存
depth	[depθ]	n.	深，深度
describe	[dɪ'skraɪb]	vt.	描写，叙述
description	[dɪ'skrɪpʃ(ə)n]	n.	描述，描写
desert	[dɪ'zɜːt]	n.	沙漠
		vt.	舍弃，遗弃
deserve	[dɪ'zɜːv]	v.	（不用于进行时态）应得，应受
design	[dɪ'zaɪn]	n./vt.	设计，策划；图案，图样，样式
desire	[dɪ'zaɪə(r)]	vt./n.	要求；期望
desperate	['despərət]	a.	（因绝望而）不惜冒险的，不顾一切的，拼命的
destination	[destɪ'neɪʃ(ə)n]	n.	目的地，终点
destroy	[dɪ'strɔɪ]	vt.	破坏，毁坏
detective	[dɪ'tektɪv]	n.	侦探
determination	[dɪtɜːmɪ'neɪʃ(ə)n]	n.	决心
determine	[dɪ'tɜːmɪn]	vt.	决定；决心
develop	[dɪ'veləp]	v.	（使）发展；（使）发达；（使）发育；开发
		vt.	冲洗（照片）
development	[dɪ'veləpmənt]	n.	发展，发达，发育，开发

devote	[dɪˈvəut]	vt.	把……奉献，把……专用（于）
devotion	[dɪˈvəuʃ(ə)n]	n.	奉献，奉献精神
diagram	[ˈdaɪəgræm]	n.	图表，图样
dialogue（美 dialog）	[ˈdaɪələg; (US) ˈdaɪələːg]	n.	对话
diamond	[ˈdaɪəmənd]	n.	钻石，金刚石；纸牌中的方块
diary	[ˈdaɪəri]	n.	日记；日记簿
dictation	[dɪkˈteɪʃ(ə)n]	n.	听写
dictionary	[ˈdɪkʃənərɪ; (US) ˈdɪkʃəneri]	n.	词典，字典
die	[dai]	v.	死
diet	[ˈdaɪət]	n.	饮食
differ	[ˈdɪfə(r)]	v.	相异，有区别
difference	[ˈdɪfrəns]	n.	不同
different	[ˈdɪfrənt]	a.	不同的，有差异的
difficult	[ˈdɪfɪkəlt]	a.	难；艰难；不易相处
difficulty	[ˈdɪfɪkəlti]	n.	困难，费力
dig（dug，dug）	[dɪg]	v.	挖（洞、沟），掘
digest	[dɪˈdʒest; daɪˈdʒest]	v.	消化，领会
digital	[ˈdɪdʒɪt(ə)l]	a.	数字的，数码的
dimension	[dɪˈmenʃ(ə)n]	n.	量度，尺寸，面积，程度，范围
dinosaur	[ˈdaɪnəsɔː(r)]	n.	恐龙
dioxide	[daɪˈɔksaɪd]	n.	二氧化物
dip	[dɪp]	vt.	浸，蘸，把……放入又取出
diploma	[dɪˈpləumə]	n.	毕业文凭；学位证书
direct	[dɪˈrekt; daɪˈrekt]	a./vt.	直接的；直达的；直截了当的；指挥；指导；监督；管理；指挥（演奏）；导演（电影）
direction	[dɪˈrekʃ(ə)n; daɪˈrekʃ(ə)n]	n.	方向；方位
director	[dɪˈrektə(r)]	n.	所长，处长，主任；董事；导演
directory	[dɪˈrektəri]	n.	姓名地址录
dirt	[dɜːt]	n.	污物；泥土
dirty	[ˈdɜːti]	a.	脏的

disability	[dɪsə'bɪlɪti]	n.	残疾；无能
disabled	[dɪs'eɪb(ə)ld]	a.	残废的，残疾的
disadvantage	[dɪsəd'vɑːntɪdʒ]	n.	不利条件；弱点
disagree	[dɪsə'griː]	vi.	意见不一致，持不同意见
disagreement	[dɪsə'griːmənt]	n.	意见不一致；相违；争论
disappear	[dɪsə'pɪə(r)]	vi.	消失
disappoint	[dɪsə'pɔɪnt]	vt.	使失望
disaster	[dɪ'zɑːstə(r)；(US)dɪz'æstər]	n.	灾难；祸患
discount	['dɪskaʊnt]	n.	折扣
discourage	[dɪ'skʌrɪdʒ]	vt.	（使）气馁；打消（做……的念头）
discover	[dɪ'skʌvə(r)]	vt.	发现
discovery	[dɪ'skʌvəri]	n.	发现
discrimination	[dɪskrɪmɪ'neɪʃ(ə)n]	n.	歧视
discuss	[dɪs'kʌs]	vt.	讨论，议论
discussion	[dɪs'kʌʃ(ə)n]	n.	讨论，辩论
disease	[dɪ'ziːz]	n.	病，疾病
disgusting	[dɪs'gʌstɪŋ]	a.	极糟的，令人不快的，令人厌恶的
disk＝disc	[dɪsk]	n.	磁盘
dislike	[dɪs'laɪk]	vt.	不喜爱；厌恶
dismiss	[dɪs'mɪs]	vt.	让……离开；遣散；解散；解雇
distance	['dɪstəns]	n.	距离
distant	['dɪst(ə)nt]	a.	远的，遥远的
distinction	[dɪ'stɪŋkʃ(ə)n]	n.	差别，区别，优秀，卓越
distinguish	[dɪ'stɪŋgwɪʃ]	v.	区分，辨别，分清
distribute	[dɪ'strɪbjuːt]	v.	分发，分配
district	['dɪstrɪkt]	n.	区；地区；区域
disturb	[dɪ'stɜːb]	vt.	扰乱；打扰
disturbing	[dɪ'stɜːbɪŋ]	a.	令人不安的，引起恐慌的
dive	[daɪv]	vi.	跳水
diverse	[daɪ'vɜːs]	adj.	不同的，多种多样的，形形色色的
divide	[dɪ'vaɪd]	vt.	分，划分

division	[dɪˈvɪʒ(ə)n]	n.	（算术用语）除
divorce	[dɪˈvɔːs]	v.	离婚
dizzy	[ˈdɪzi]	a.	头眩目晕的
document	[ˈdɔkjʊmənt]	n.	文件；文献
doll	[dɔl；(US) dɔːl]	n.	玩偶，玩具娃娃
dormitory	[ˈdɔːmɪtərɪ；(US)ˈdɔːrmɪtɔːri]	n.	学生宿舍（缩写式 dorm）
dot	[dɔt]	n.	点，小点，圆点
double	[ˈdʌb(ə)l]	a. n.	两倍，双的 两个，双
doubt	[daʊt]	n./v.	怀疑，疑惑
download	[ˌdaʊnˈləʊd]	n. / v.	下载
downstairs	[ˈdaʊnsteəz]	ad.	在楼下；到楼下
downtown	[ˈdaʊntaʊn]	ad. n. a.	往或在城市的商业区（或中心区、闹市区） 城市的商业区，中心区，闹市区 城市的商业区的，中心区的，闹市区的
downward	[ˈdaʊnwəd]	ad.	向下
dozen	[ˈdʌzn]	n.	十二个；几十，许多
draft	[drɑːft；(US)dræft]	n./v.	草稿，草案，起草，草拟
drag	[dræg]	v.	拖；拽
draw(drew, drawn)	[drɔː]	v.	绘画；绘制；拉，拖；提取（金钱）
drawback	[ˈdrɔːbæk]	n.	缺点，不利条件
drawing	[ˈdrɔːɪŋ]	n.	图画，素描，绘画
dream (dreamt, dreamt 或-ed, -ed)	[driːm]	n./vt.	梦，梦想
dress	[dres]	n. v.	女服，连衣裙；(统指)服装；童装 穿衣；穿着
drink(drank,drunk)	[drɪŋk]	v.	喝，饮
drive(drove,driven)	[draɪv]	v.	驾驶，开（车）；驱赶
driver	[ˈdraɪvə(r)]	n.	司机，驾驶员

drop	[drɒp]	n. v.	滴 掉下，落下，投递，放弃
drown	[draʊn]	vi.	溺死；淹没
drug	[drʌg]	n.	药，药物；毒品
drum	[drʌm]	n.	鼓
drunk	[drʌŋk]	a.	醉的
due	[djuː; (US) duː]	a.	预期的；约定的
dull	[dʌl]	a.	阴暗的；单调无味
during	['djʊərɪŋ; (US)'dʊərɪŋ]	prep.	在……期间；在……过程中
dusk	[dʌsk]	n.	黄昏
dust	[dʌst]	n.	灰尘，尘土
dusty	['dʌsti]	a.	尘土般的，尘土多的
duty	['djuːtɪ; (US)'duːti]	n.	责任，义务
dynamic	[daɪ'næmɪk]	a.	充满活力，精力充沛的
dynasty	['dɪnəstɪ; (US)'daɪnəsti]	n.	王朝，朝代
E			
eager	['iːgə(r)]	a.	渴望的，热切的
eagle	['iːg(ə)l]	n.	鹰
earn	[ɜːn]	vt.	挣得，赚得
earthquake	['ɜːθkweɪk]	n.	地震
ease	[iːz]	v.	减轻；缓解（难度或严重程度）
easily	['iːzɪli]	ad.	容易地
east	[iːst]	a. ad. n.	东方；东部的；朝东的；从东方来 在东方；向东方；从东方 东，东方；东部
Easter	['iːstə(r)]	n.	复活节
eastern	['iːst(ə)n]	a.	东方的；东部的
eastwards	['iːstwədz]	ad.	向东
ecology	[ɪ'kɒlədʒi]	n.	生态，生态学
edge	[edʒ]	n.	边缘
edition	[ɪ'dɪʃ(ə)n]	n.	（发行物的）版，版（本）
editor	['edɪtə(r)]	n.	编辑
educate	['edjʊkeɪt]	vt.	教育，培养

educator	[ˈedjuːkeɪtə(r)]	n.	教育家
education	[edjʊˈkeɪʃ(ə)n]	n.	教育，培养
effect	[ɪˈfekt]	n.	效果；作用
effort	[ˈefət]	n.	努力，艰难的尝试
Egypt *	[ˈiːdʒɪpt]	n.	埃及
Egyptian	[ɪˈdʒɪpʃ(ə)n]	a. n.	埃及的；埃及人的；埃及语的 埃及人
elder	[ˈeldə(r)]	n.	长者；前辈
elect	[ɪˈlekt]	vt.	（投票）选举
electric	[ɪˈlektrɪk]	a.	电的
electrical	[ɪˈlektrɪk(ə)l]	a.	电的；电器的
electricity	[ɪlekˈtrɪsɪti]	n.	电；电流
electronic	[ɪlekˈtrɒnɪk]	a.	电子的
elegant	[ˈelɪgənt]	a.	文雅的，漂亮的，精美的
embarrass	[ɪmˈbærəs]	v.	使窘迫，尴尬
embassy	[ˈembəsi]	n.	大使馆
emergency	[ɪˈmɜːdʒənsi]	n.	紧急情况或状态
emperor	[ˈempərə(r)]	n.	皇帝
empire	[ˈempaɪə(r)]	n.	帝国
employ	[ɪmˈplɔɪ]	vt.	雇佣
empty	[ˈempti]	a.	空的
encourage	[ɪnˈkʌrɪdʒ]	vt.	鼓励
encouragement	[ɪnˈkʌrɪdʒmənt]	n.	鼓励
end	[end]	n.	末尾；终点；结束 v. 结束，终止
ending	[ˈendɪŋ]	n.	结局；结尾，最后
endless	[ˈendlɪs]	a.	无止境的；没完的
enemy	[ˈenɪmi]	n.	敌人；敌军
energetic	[enəˈdʒetɪk]	a.	精力旺盛的
energy	[ˈenədʒɪ]	n.	精力，能量
engine	[ˈendʒɪn]	n.	发动机，引擎
engineer	[endʒɪˈnɪə(r)]	n.	工程师；技师
England *	[ˈɪŋglənd]	n.	英格兰

English	[ˈɪŋglɪʃ]	a. n.	英国的，英国人的，英语的 英语
enjoy	[ɪnˈdʒɔi]	vt.	欣赏；享受乐趣；喜欢
enjoyable	[ɪnˈdʒɔɪəb(ə)l]	a.	愉快的；有趣的
enlarge	[ɪnˈlɑːdʒ]	vt.	扩大
enquiry	[ɪnˈkwaɪəri]	n.	询问
enter	[ˈentə(r)]	vt.	进入
enterprise	[ˈentəpraɪz]	n.	公司，企事业单位
entertainment	[entəˈteɪnmənt]	n.	娱乐
enthusiastic	[ɪnθjuːˈzɪˈæstɪk]	a.	热情的，热心的
entire	[ɪnˈtaɪə(r)]	a.	整个的，全部的
entrance	[ˈentrəns]	n.	入口；入场；进入的权利；入学许可
envelope	[ˈenvələup]	n.	信封
environment	[ɪnˈvaɪərənmənt]	n.	环境
envy	[ˈenvi]	vt./n.	忌妒；羡慕
equal	[ˈiːkw(ə)l]	a. vt.	平等的 等于，使等于
equality	[iːˈkwɒləti]	n.	平等
equip	[ɪˈkwɪp]	vt.	提供设备；装备；配备
equipment	[ɪˈkwɪpmənt]	n.	装备，设备
error	[ˈerə(r)]	n.	错误；差错
erupt	[ɪˈrʌpt]	v.	（火山）爆发，喷发
escape	[ɪˈskeɪp]	n./vi.	逃跑；逃脱
especially	[ɪˈspeʃəli]	ad.	特别，尤其
essay	[ˈesei]	n.	散文；文章；随笔
Europe *	[ˈjuərəp]	n.	欧洲
European	[juərəˈpiːən]	a. n.	欧洲的，欧洲人的 欧洲人
evaluate	[ɪˈvæljueɪt]	v.	估值，评价，评估
even	[ˈiːv(ə)n]	ad.	甚至，连（……都）；更
event	[ɪˈvent]	n.	事件，大事
eventually	[ɪˈventʃuəli]	ad.	最终地
evidence	[ˈevɪdəns]	n.	证据，证明

149

evident	[ˈevɪdənt]	a.	清楚的，显而易见的
evolution	[iːvəˈluːʃ(ə)n;(US)ev-]	n.	进化，演变
exact	[ɪɡˈzækt]	a.	精确的；确切的
exactly	[ɪɡˈzæktli]	ad.	精确地；确切地
exam=examination	[ɪɡzæmɪˈneɪʃ(ə)n]	n.	考试，测试；检查；审查
examine	[ɪɡˈzæmɪn]	vt.	检查；诊察
example	[ɪɡˈzɑːmp(ə)l;(US) ɪɡˈzæmpl]	n.	例子；榜样
excellent	[ˈeksələnt]	a.	极好的，优秀的
except	[ɪkˈsept]	prep.	除……之外
exchange	[ɪksˈtʃeɪndʒ]	n.	交换，交易；交流
excite	[ɪkˈsaɪt]	vt.	使兴奋，使激动
excuse	[ɪkˈskjuːz]	n. vt.	借口，辩解 原谅，宽恕
exercise	[ˈeksəsaɪz]	n. vi.	锻炼，做操；练习，习题 锻炼
exhibition	[eksɪˈbɪʃ(ə)n]	n.	展览；展览会
exist	[ɪɡˈzɪst]	vi.	存在
existence	[ɪɡˈzɪst(ə)ns]	n.	存在；生存；存在物
exit	[ˈeksɪt]	n.	出口，太平门
expand	[ɪkˈspænd]	v.	扩大，增加，扩展
expect	[ɪkˈspekt]	vt.	预料；盼望；认为
expectation	[ekspekˈteɪʃ(ə)n]	n.	预料；期望
expense	[ɪkˈspens]	n.	消费；支出
expensive	[ɪkˈspensɪv]	a.	昂贵的
experience	[ɪkˈspɪərɪəns]	n.	经验；经历
experiment	[ɪkˈsperɪmənt]	n.	实验
expert	[ˈekspɜːt]	n.	专家，能手
explain	[ɪksˈpleɪn]	vt.	解释，说明
explanation	[ekspləˈneɪʃ(ə)n]	n.	解释，说明
explicit	[ɪkˈsplɪsɪt]	a.	清楚明白，易于理解的
explode	[ɪkˈspləʊd]	v.	（使）爆炸
exploit	[ɪkˈsplɔɪt]	vt.	开采，开发，利用，剥削

explore	[ɪkˈsplɔː(r)]	v.	探险
explorer	[ɪkˈsplɔːrə(r)]	n.	探险者
export	[ɪkˈspɔːt]	n./v.	出口，输出
expose	[ɪkˈspəʊz;(US)ekspəˈzei]	vt.	揭露
express	[ɪkˈspres]	vt. n.	表达；表示；表情 快车，特快专递
expression	[ɪkˈspreʃ(ə)n]	n.	表达；词句；表示，说法；表情
extension	[ɪkˈstenʃ(ə)n]	n.	扩大，延伸
extra	[ˈekstrə]	a.	额外的，外加的
extraordinary	[ɪkˈstrɔːdɪnərɪ;(US) -dəneri]	a.	离奇的；使人惊奇的
extreme	[ɪkˈstriːm]	a.	极其的，非常的
extremely	[ɪkˈstriːmli]	ad.	极其，非常
eyesight	[ˈaɪsaɪt]	n.	视力；视觉

F			
facial	[ˈfeɪʃ(ə)l]	a.	面部用的
fact	[fækt]	n.	事实，现实
factory	[ˈfæktri]	n.	工厂
fade	[feɪd]	vi.	褪色，(颜色)消退
fail	[feɪl]	v.	失败；不及格；衰退
failure	[ˈfeɪljə(r)]	n.	失败
fair	[feə(r)]	a. n.	公平的,合理的；(肤色)白皙的；(人)白肤金发的 集市；庙会；展览会
fairly	[ˈfeəli]	ad.	公正地，正当地；相当(程度)地
fairness	[ˈfeənis]	n.	公平；公正
faith	[feɪθ]	n.	信仰；信念
fall	[fɔːl]	n.	(美)秋季
fall (fell, fallen)	[fɔːl]	vi.	落(下)，降落；倒
false	[fɔːls]	a.	不正确的；假的
familiar	[fəˈmɪliə(r)]	a.	熟悉的
family	[ˈfæmɪli]	n.	家庭；家族；子女
famous	[ˈfeɪməs]	a.	著名的
fancy	[ˈfænsi]	a.	花式；装饰的；奇特的

fantastic	[fæn'tæstɪk]	a.	（口语）极好的，美妙的，很棒的
fantasy	['fæntəsi]	n.	幻想，梦想
fare	[feə(r)]	n.	（车或船的）费用，票（价）
farm	[fɑːm]	n.	农场；农庄
farmer	['fɑːmə(r)]	n.	农民
fast	[fɑːst；(US) fæst]	a. ad.	快的，迅速的；紧密的 快地，迅速地；紧密地
fat	[fæt]	n.	脂肪 a. 胖的；肥的
fault	[fɔːlt]	n.	缺点，毛病
favour（美 favor）	['feivə]	n.	恩惠；好意；帮助
favourite （美 favorite）	['feivərit]	a. n.	喜爱的 特别喜爱的人（或物）
fax	[fæks]	n.	传真
fear	[fɪə(r)]	n.	害怕；恐惧；担忧
feast	[fiːst]	n.	盛宴，宴会，（宗教的）节日
feather	['feðə(r)]	n.	羽毛
February	['februəri]	n.	2 月
federal	['fedər(ə)l]	a.	中央的；（政府）联邦的
fee	[fiː]	n.	费，费用
feed（fed, fed）	[fiːd]	vt.	喂（养）；饲（养）
feel（felt, felt）	[fiːl]	v./link	感觉，觉得；摸，触
feeling	['fiːlɪŋ]	n.	感情；感觉
fellow	['feləʊ]	n.	同伴；伙伴
female	['fiːmeɪl]	a.	女的；女性的；雌性的
fence	[fens]	n.	栅栏；围栏；篱笆
festival	['festɪvəl]	a.	节日的，喜庆的
fever	['fiːvə(r)]	n.	发烧；发热
few	[fjuː]	pron.	不多；少数；不多的；少数的
fibre（美 fiber）	['faibə]	n.	纤维质
fiction	['fɪkʃ(ə)n]	n.	小说，虚构的事
field	[fiːld]	n.	田地；牧场；场地
fierce	['fɪəs]	a.	猛烈的
fight	[faɪt]	n.	打仗（架），争论

figure	['fɪɡə(r);(US)'fɪɡjər]	n.	数字；数目；图；图形；(人的)身型；人物；(绘画、雕刻)人物像 vt. (美口语)认为，判断，(在心里)想象，描绘
file	[faɪl]	n.	公文柜；档案 (计算机)文档
fill	[fɪl]	vt.	填空，装满
film	[fɪlm]	n.	电影；影片；胶卷 vt. 拍摄，把……拍成电影
final	['faɪn(ə)l]	a.	最后的；终极的
finance	['faɪnæns]	n.	资金，财政，财务
find(found,found)	[faɪnd]	vt.	找到，发现，感到
fine	[faɪn]	a.	细的；晴朗的；美好的；(身体)健康的
		n./v.	罚款
finger	['fɪŋɡə(r)]	n.	手指
finish	['fɪnɪʃ]	v.	结束，做完
fire	['faɪə(r)]	n.	火；火炉；火灾
		vi.	开火，开(枪，炮等)，射击
firefighter	['faɪəfaɪtə(r)]	n.	消防人员
firewood	['faɪrwud]	n.	木柴
firm	[fɜːm]	n.	公司；企业
		a.	坚固的，坚定的
firmly	['fɜːmli]	ad.	牢牢地
first	[fɜːst]	num.	第一
		a./ad.	第一；首次；最初
		n.	开始；开端
fisherman	['fɪʃəmən]	n.	渔民；钓鱼健身者
fitting room	['fɪtɪŋrʊm]		试衣间
fix	[fɪks]	vt.	修理；安装；确定，决定
flag	[flæɡ]	n.	旗；标志；旗舰
flame	[fleɪm]	n.	火焰，光辉
flaming	['fleɪmɪŋ]	a.	火红的；火焰般的
flash	[flæʃ]	n.	闪；闪光；转瞬间
flat	[flæt]	a.	平的
		n.	楼中一套房间；公寓(常用复数)

flee	[fliː]	v.	逃走；逃跑
flexible	[ˈfleksəbl]	a.	灵活的，可变动的
flesh	[fleʃ]	n.	肉
flight	[flaɪt]	n.	航班；楼梯的一段
float	[fləʊt]	vi.	漂浮，浮动
flood	[flʌd]	n. vt.	洪水 淹没，使泛滥
floor	[flɔː(r)]	n.	地面，地板；（楼房的）层
flour	[ˈflaʊə(r)]	n.	面粉，粉
flow	[fləʊ]	vi.	流动
flower	[ˈflaʊə(r)]	n.	花
flu	[fluː]	n.	流行性感冒
fluency	[ˈfluːənsi]	n.	（外语）流利，流畅
fluent	[ˈfluːənt]	a.	（外语）流利的，流畅的
fly	[flai]	n.	飞行；苍蝇
fly (flew, flown)	[flai]	vi. vt.	（鸟、飞机）飞；（人乘飞机）飞行；（旗子等）飘动 空运（乘客，货物等）；放（风筝、飞机模型等）
focus	[ˈfəʊkəs]	v./n.	集中（注意力，精力）于，焦点，中心点
fog	[fɒg]	n.	雾
folk	[fəʊk]	a.	民间的
follow	[ˈfɒləʊ]	vt.	跟随
fit	[fɪt]	a. v.	健康的，适合的 （使）适合，安装跟随；仿效；跟得上
following	[ˈfɒləʊwɪŋ]	a.	接着的；以下的
fond	[fɒnd]	a.	喜爱的，爱好的
fool	[fuːl]	n.	傻子，蠢人
foolish	[ˈfuːlɪʃ]	a.	愚蠢的，傻的
forbid (forbade, forbidden)	[fəˈbɪd]	vt.	禁止，不许
force	[fɔːs]	vt.	强迫，迫使

forecast	['fɔːkɑːst; (US) 'fɔrkæst]	n./vt.	预告
forehead	['fɔrɪd; (US) 'fɔːrɪd]	n.	前额
foreign	['fɔrən; (US) 'fɔːrɪn]	a.	外国的
foresee（foresaw, foreseen）	[fɔː'siː]	vt.	预见，预知
forest	['fɔrɪst; (US) 'fɔːrɪst]	n.	森林
forget（forgot, forgotten）	[fə'get]	v.	忘记；忘掉
forgetful	[fə'getfʊl]	a.	健忘的，不留心的
forgive（forgave, forgiven）	[fə'gɪv]	vt.	原谅，宽恕
form	[fɔːm]	n.	表格；形式；结构
format	['fɔːmæt]	n.	安排，计划，设计
former	['fɔːmə(r)]	a. n.	以前的，从前的 （两者之中的）前者
fortunate	['fɔːtʃənət]	a.	幸运的；侥幸的
fortune	['fɔːtjuːn; 'fɔːtʃuːn]	n.	财产；运气
forward	['fɔːwəd]	ad.	将来，今后，向前，前进
found	[faʊnd]	vt.	成立，建立
fountain	['faʊntɪn; (US) 'faʊntn]	n.	喷泉
franc	[fræŋk]	n.	法郎
France *	[fræns]	n.	法国
fragile	['frædʒaɪl; (US) 'frædʒl]	a.	易碎的，易损的
fragrant	['freɪgrənt]	a.	香的，芳香的
framework	['freɪmwɜːk]	n.	（建筑物）框架，结构
free	[friː]	a.	自由，空闲的；免费的
freedom	['friːdəm]	n.	自由
freeze（froze, frozen）	[friːz]	vi.	结冰
freezing	['friːzɪŋ]	a.	冻结的；极冷的
French	[frentʃ]	n. a.	法语 法国的；法国人的；法语的
frequent	['friːkwənt]	a.	经常的；频繁的

fresh	[freʃ]	a.	新鲜的
Friday	['fraɪdi]	n.	星期五
friction	['frɪkʃ(ə)n]	n.	摩擦
friend	[frend]	n.	朋友
friendly	['frendli]	a.	友好的
friendship	['frendʃɪp]	n.	友谊，友情
fright	[fraɪt]	n.	惊恐；恐吓
frighten	['fraɪt(ə)n]	vt.	使惊恐，吓唬
front	[frʌnt]	a. n.	前面的；前部的 前面；前部；前线
frontier	['frʌntɪə(r)； (US) frʌn'tɪər]	n.	前沿，边界；前线
frost	[frɒst；(US)frɔːst]	n.	霜
fruit	[fruːt]	n.	水果；果实
fry	[fraɪ]	vt.	用油煎；用油炸
fuel	[fjuːəl]	n.	燃料
full	[fʊl]	a.	满的，充满的；完全的
fun	[fʌn]	n.	有趣的事，娱乐，玩笑
function	['fʌŋkʃən]	n./v.	作用，功能，运转
fundamental	[fʌndə'ment(ə)l]	a.	十分重大的，根本的
funeral	['fjuːnər(ə)l]	n.	葬礼
funny	['fʌni]	a.	有趣的，滑稽可笑的
fur	[fɜː(r)]	n.	毛皮；皮子
furnished	['fɜːnɪʃt]	a.	配备了家具的
furniture	['fɜːnɪtʃə(r)]	n.	(总称) 家具
future	['fjuːtʃə(r)]	n.	将来
G			
gain	[geɪn]	vt.	赢得；挣得
gallery	['gæləri]	n.	画廊；美术品陈列室
game	[geɪm]	n.	游戏；运动；比赛
garbage	['gɑːbɪdʒ]	n.	垃圾
garden	['gɑːd(ə)n]	n.	花园，果园，菜园
garlic	['gɑːlɪk]	n.	大蒜

gas	[gæs]	n.	煤气
gate	[geɪt]	n.	大门
gather	[ˈgæðə(r)]	v.	聚集；采集
general	[ˈdʒenər(ə)l]	a.	大体，笼统的，总的
generation	[dʒenəˈreɪʃ(ə)n]	n.	代，一代
generous	[ˈdʒenərəs]	a.	慷慨大方的
gentle	[ˈdʒent(ə)l]	a.	温柔的，轻轻的
geography	[dʒɪˈɒgrəfi]	n.	地理学
geometry	[dʒɪˈɑmɪtri]	n.	几何学
German	[ˈdʒɜːmən]	a.	德国的，德国人的，德语的 n. 德国人，德语
Germany	[ˈdʒɜːməni] *	n.	德国
gesture	[ˈdʒestʃə(r)]	n.	姿势，手势
gift	[gɪft]	n.	赠品；礼物
gifted	[ˈgɪftɪd]	a.	有天赋的；有才华的
give (gave, given)	[gɪv]	vt.	给，递给，付出，给予
glad	[glæd]	a.	高兴的；乐意的
glance	[glæns /glɑːns]	vi.	匆匆一看；一瞥
glass	[glɑːs；(US) glæs]	n.	玻璃杯，玻璃；（复）眼镜
glasshouse	[ˈglɑːshaʊs]	n.	温室，暖房
globe	[gləʊb]	n.	地球仪，地球
glory	[ˈglɔːri]	n.	巨大的光荣；荣誉；赞美
glove	[glʌv]	n.	手套
glue	[gluː]	n.	胶水
go (went, gone)	[gəʊ]	vi. n.	去；走；驶；通到；到达 尝试（做某事）
goal	[gəʊl]	n.	（足球）球门，目标
goat	[gəʊt]	n.	山羊
god	[gɒd]	n.	神，（大写）上帝
gold	[gəʊld]	n.	黄金 a. 金的，黄金的
golden	[ˈgəʊld(ə)n]	a.	金（黄）色的
golf	[gɒlf]	n.	高尔夫球

goodness	[ˈɡʊdnɪs]	n.	善良，美德
goods	[ɡʊdz]	n.	商品，货物
goose（复 geese）	[ɡuːs]	n.	鹅
govern	[ˈɡʌv(ə)n]	v.	统治；管理
government	[ˈɡʌvənmənt]	n.	政府
gown	[ɡaʊn]	n.	礼服，长外衣，睡衣
grade	[ɡreɪd]	n.	等级；(中小学的)学年；成绩，分数
gradually	[ˈɡrædjʊəli]	ad.	逐渐地
graduate	[ˈɡrædʒuət]	v.	毕业
graduation	[ˌɡrædjʊˈeɪʃ(ə)n]	n.	毕业，毕业典礼
grain	[ɡreɪn]	n.	谷物，谷类
gram	[ɡræm]	n.	克（重量单位）
grammar	[ˈɡræmə(r)]	n.	语法
grape	[ɡreɪp]	n.	葡萄
graph	[ɡrɑːf；(US)ɡræf]	n.	图表，曲线图
grasp	[ɡrɑːsp；(US)ɡræsp]	v.	抓住；紧握
grass	[ɡrɑːs；(US)ɡræs]	n.	草；草场；牧草
grateful	[ˈɡreɪtfʊl]	a.	感激的，感谢的
gravity	[ˈɡrævɪti]	n.	重力，地球引力
great	[ɡreɪt]	a. ad.	伟大的，重要的，好极了 (口语)好极了，很好
Greece	[ɡriːs] *	n.	希腊
greedy	[ˈɡriːdi]	a.	贪婪的
Greek	[ɡriːk]	a./n.	希腊的，希腊人的，希腊语的；希腊人，希腊语
greet	[ɡriːt]	vt.	问候；向……致敬
grey / gray	[ɡrei]	a.	灰色的；灰白的
grocer	[ˈɡrəʊsə(r)]	n.	零售商人；食品店
ground	[ɡraʊnd]	n.	地面
group	[ɡruːp]	n.	组，群
grow(grew,grown)	[ɡrəʊ]	v.	生长；发育；种植；变成
growth	[ɡrəʊθ]	n.	生长，增长
guarantee	[ˌɡærənˈtiː]	v.	保证，担保
guard	[ɡɑːd]	n.	防护装置，警戒

guess	[ges]	vi.	猜
guest	[gest]	n.	客人，宾客
guidance	['gaɪdəns]	n.	引导，指导
guide	[gaɪd]	n.	向导，导游者
guilty	['gɪlti]	a.	有罪，犯法的，做错事的
guitar	[gɪ'tɑː(r)]	n.	吉他，六弦琴
gun	[gʌn]	n.	枪，炮
gym ＝gymnasium	[dʒɪm]	n.	体操；体育馆；健身房

H

habit	['hæbɪt]	n.	习惯，习性
haircut	['heəkʌt]	n.	（男子）理发
half	[hɑːf；(US)hæf]	a./n.	半，一半，半个
hall	[hɔːl]	n.	大厅，会堂，礼堂；过道
hammer	['hæmə(r)]	n.	锤子，锣锤
handbag	['hændbæg]	n.	女用皮包，手提包
handful	['hændful]	n.	（一）把；少数，少量
handle	['hænd(ə)l]	n.	柄，把柄 v. 处理
handsome	['hænsəm]	a.	英俊的
handwriting	['hændraɪtɪŋ]	n.	书法
hang（hung，hung）	[hæŋ]	v.	悬挂，吊着；把……吊起
happen	['hæpən]	vi.	（偶然）发生
harbour（美 harbor）	['hɑːbə]	n.	港口
hardly	['hɑːdli]	ad.	几乎不
hardship	['hɑːdʃɪp]	n.	困难
harm	[hɑːm]	n./v.	伤害；损伤
harmful	['hɑːmful]	a.	有害的；致伤的
harmless	['hɑːmlɪs]	a.	无害的；不致伤的
harmony	['hɑːməni]	n.	融洽，和睦
hate	[heɪt]	vt./n.	恨，讨厌
headache	['hedeɪk]	n.	头疼
headline	['hedlaɪn]	n.	（报刊的）大字标题

headmaster	[hed'mɑːstə(r)]	n.	(英) 中小学校长
health	[helθ]	n.	健康，卫生
healthy	['helθi]	a.	健康的，健壮的
hear (heard, heard)	[hɪə(r)]	v.	听见；听说，得知
heart	[hɑːt]	n.	心，心脏，纸牌中的红桃
heat	[hiːt]	n.	热 vt. 把……加热
heaven	['hev(ə)n]	n.	天堂；天国
heavy	['hevi]	a.	重的
heavily	['hevɪli]	ad.	重地，大量地
height	[haɪt]	n.	高，高度
helicopter	['helɪkɒptə(r)]	n.	直升机
helmet	['helmɪt]	n.	头盔
help	[help]	n./vt.	帮助，帮忙
helpful	['helpfʊl]	a.	有帮助的，有益的
herb	[hɜːb; (US)ɜːrb]	n.	草药
here	[hɪə(r)]	ad.	这里，在这里；向这里
hero	['hɪərəʊ]	n.	英雄，勇士，男主角
heroine	['herəʊɪn]	n.	女英雄，女主角
hide (hid, hidden)	[haɪd]	v.	把……藏起来，隐藏
high	[hai]	a. / ad.	高的；高度的 / 高地
highway	['haɪwei]	n.	公路，主要交通道路
hill	[hɪl]	n.	小山；丘陵；土堆；斜坡
hillside	['hɪlsaɪd]	n.	(小山) 山腰，山坡
hilly	['hɪli]	a.	丘陵的；多小山的
hire	['haɪə(r)]	vt.	租用
his	[hɪz]	pron.	他的
history	['hɪstəri]	n.	历史，历史学
hit (hit, hit)	[hɪt]	n./vt.	打，撞，击中
hive	[haɪv]	n.	蜂房；蜂箱
hobby	['hɒbi]	n.	业余爱好，嗜好
hold (held, held)	[həʊld]	vt.	拿，抱；握住；举行；进行

hole	[həʊl]	*n.*	洞，坑
holiday	[ˈhɒlɪdi]	*n.*	假日；假期
holy	[ˈhəʊli]	*a.*	神圣的
home	[həʊm]	*n.* *ad.*	家 到家；回家
hometown	[ˈhəʊmtaʊn]	*n.*	故乡
honest	[ˈɒnɪst]	*a.*	诚实的，正直的
honey	[ˈɒnɪst]	*n.*	蜂蜜
honour（美 honor）	[ˈɒnə]	*n.* *vt.*	荣誉，光荣 尊敬，给予荣誉
hope	[həʊp]	*n./v.*	希望
hopeful	[ˈhəʊpfʊl]	*a.*	有希望的；有前途的
hopeless	[ˈhəʊpləs]	*a.*	没有希望，不可救药的
horrible	[ˈhɒrɪb(ə)l]	*a.*	令人恐惧；恐怖的
horse	[hɔːs]	*n.*	马
hospital	[ˈhɒspɪt(ə)l]	*n.*	医院
host	[həʊst]	*n.* *v.*	主人；节目主持人 做主人招待
hostess	[ˈhəʊstɪs]	*n.*	女主人
hotel	[həʊˈtel]	*n.*	旅馆，饭店，宾馆
hug	[hʌg]	*v.*	拥抱
huge	[hjuːdʒ]	*a.*	巨大的，庞大的
human	[ˈhjuːmən]	*a.*	人的，人类的
human being	[ˈhjuːmən ˈbiːɪŋ]		人
humorous	[ˈhjuːmərəs]	*a.*	富于幽默的
humour（美 humor）	[ˈhjuːmə]	*n.*	幽默，幽默感
hundred	[ˈhʌndrəd]	*num.*	百
hunger	[ˈhʌŋgə(r)]	*n.*	饥饿
hungry	[ˈhʌŋgri]	*a.*	(饥)饿的
hunt	[hʌnt]	*vt.*	寻找；狩猎，猎取
hunter	[ˈhʌntə(r)]	*n.*	猎人
hurricane	[ˈhʌrɪkən]	*n.*	飓风，十二级风

hurry	['hʌri]	vi.	赶快；急忙
hurt（hurt，hurt）	[hɜːt]	vt.	伤害，受伤；伤人感情
husband	['hʌzbənd]	n.	丈夫

I

ice	[aɪs]	n.	冰
Iceland	['aɪslənd] *	n.	冰岛
idea	[aɪ'dɪə]	n.	主意，意见，打算，想法
identity	[aɪ'dentɪti]	n.	身份，特征
ignore	[ɪg'nɔː(r)]	v.	忽视，对……不理会
illegal	[ɪ'liːg(ə)l]	a.	非法的
illness	['ɪlnɪs]	n.	疾病
imagine	[ɪ'mædʒɪn]	vt.	想象，设想
immediate	[ɪ'miːdɪət]	a.	立即的，马上
immigration	[ɪmɪ'greɪʃn]	n.	移民
import	[ɪm'pɔːt]	v./n.	进口，输入
importance	[ɪm'pɔːt(ə)ns]	n.	重要性
important	[ɪm'pɔːtənt]	a.	重要的
impossible	[ɪm'pɒsɪb(ə)l]	a.	不可能的
impress	[ɪm'pres]	vt.	留下极深的印象
impression	[ɪm'preʃ(ə)n]	n.	印象，感觉
improve	[ɪm'pruːv]	vt.	改进，更新
inch	[ɪntʃ]	n.	英寸
incident	['ɪnsɪd(ə)nt]	n.	事件
include	[ɪn'kluːd]	vt.	包含，包括
income	['ɪnkʌm]	n.	收入，所得
increase	[ɪn'kriːs]	v./n.	增加，繁殖
indeed	[ɪn'diːd]	a.	确实；实在
independence	[ɪndɪ'pendəns]	n.	独立
independent	[ɪndɪ'pendənt]	a.	独立的，有主见的
India	['ɪndɪə]	n.	印度
Indian	['ɪndɪən]	a.	（美洲）印第安人的；印度人的
		n.	印第安人；印度人
Indicate	['ɪndɪkeɪt]	v.	表明，象征，暗示

industry	[ˈɪndəstri]	*n.*	工业，产业
influence	[ˈɪnfluəns]	*n./ v.*	影响
inform	[ɪnˈfɔːm]	*vt.*	告诉；通知
information	[ɪnfəˈmeɪʃ(ə)n]	*n.*	信息
information desk	[ɪnfəˈmeɪʃ(ə)n desk]		问讯处
initial	[ɪˈnɪʃ(ə)l]	*a.*	开始的，最初的
injure	[ˈɪndʒə(r)]	*vt.*	损害，伤害
injury	[ˈɪndʒəri]	*n.*	受伤处
ink	[ɪŋk]	*n.*	墨水，油墨
inland	[ˈɪnlənd; ˈɪnlænd]	*a.*	内陆的；内地的
insect	[ˈɪnsekt]	*n.*	昆虫
insert	[ɪnˈsɜːt]	*vt.*	插入
inside	[ɪnˈsaɪd]	*prep.* *ad.*	在……里面 在里面
insist	[ɪnˈsɪst]	*vi.*	坚持；坚决认为
inspect	[ɪnˈspekt]	*vt.*	检查；检验；审视
inspire	[ɪnˈspaɪə(r)]	*vt.*	鼓舞；激励
instant	[ˈɪnst(ə)nt]	*a.*	瞬间；刹那
instead	[ɪnˈsted]	*ad.*	代替，顶替
institute	[ˈɪnstɪtjuːt; (US)ˈɪnstətuːt]	*n.*	（研究）所，院，学院
institution	[ɪnstɪˈtjuːʃ(ə)n; (US)ɪnstəˈtuːʃn]	*n.*	（慈善、宗教等性质的）公共机构；学校
instruct	[ɪnˈstrʌkt]	*vt.*	通知；指示；教
instruction	[ɪnˈstrʌkʃ(ə)n]	*n.*	说明，须知；教导
instrument	[ˈɪnstrʊmənt]	*n.*	乐器；工具，器械
insurance	[ɪnˈʃʊərəns]	*n.*	保险
insure	[ɪnˈʃʊə(r)]	*vt.*	给……保险
intelligence	[ɪnˈtelɪdʒəns]	*n.*	智力，才智，智慧
intend	[ɪnˈtend]	*vt.*	想要，打算
intention	[ɪnˈtenʃ(ə)n]	*n.*	打算，计划，意图
interest	[ˈɪntrəst]	*n.*	兴趣，趣味；利息
interesting	[ˈɪntrətɪŋ]	*a.*	有趣的

international	[ɪntə'næʃn(ə)l]	a.	国际的
Internet	['ɪntənet]	n.	互联网，因特网
interrupt	[ɪntə'rʌpt]	v.	打扰，打断
interview	['ɪntəvjuː]	n./ vt.	采访，会见，面试
into	['ɪntʊ, 'ɪntə]	prep.	到……里；向内；变成
introduce	[ɪntrə'djuːs; (US)-duːs]	vt.	介绍
introduction	[ɪntrə'dʌkʃ(ə)n]	n.	引进，介绍
invent	[ɪn'vent]	vt.	发明，创造
invention	[ɪn'venʃ(ə)n]	n.	发明，创造
invitation	[ɪnvɪ'teɪʃ(ə)n]	n.	邀请，请帖
invite	[ɪn'vaɪt]	vt.	邀请，招待
Ireland	['aɪələnd] *	n.	爱尔兰
Irish	['aɪərɪʃ]	a.	爱尔兰的，爱尔兰人的
iron	['aɪən; (US)'aɪərn]	n.	铁
irrigate	['ɪrɪgeɪt]	vt.	灌溉
irrigation	[ɪrɪ'geɪʃ(ə)n]	n.	灌溉
island	['aɪlənd]	n.	岛
Italian	[ɪ'tæljən]	a. n.	意大利（人）的；意大利语的 意大利人；意大利语
Italy	['ɪtəli]	n.	意大利
J			
jacket	['dʒækɪt]	n.	短上衣，夹克衫
jam	[dʒæm]	n.	果酱；阻塞
January	['dʒænjʊərɪ; (US) 'dʒænjʊeri]	n.	1月
Japan	[dʒə'pæn]	n.	日本
Japanese	[dʒæpə'niːz]	a. n.	日本的，日本人的，日语的 日本人，日语
jar	[dʒɑː(r)]	n.	罐子；坛子
jewel	['dʒuːəl]	n.	宝石
jewelry	['dʒuːəlri]	n.	（总称）珠宝
jog	[dʒɒg]	v.	慢跑
join	[dʒɔɪn]	v.	参加，加入；连接；会合

joke	[dʒəʊk]	n.	笑话
journalist	[ˈdʒɜːnəlɪzt]	n.	记者，新闻工作者
journey	[ˈdʒɜːni]	n.	旅行，路程
joy	[dʒɔi]	n.	欢乐，高兴，乐趣
judge	[dʒʌdʒ]	n. / vt.	裁判；审判员；法官 / 判断，断定
judgement	[ˈdʒʌdʒmənt]	n.	裁判
July	[dʒʊˈlai]	n.	7 月
jump	[dʒʌmp]	n. / v.	跳跃；跳过 / 跳跃；惊起；猛扑
June	[dʒuːn]	n.	6 月
jungle	[ˈdʒʌŋg(ə)l]	n.	丛林，密林
junior	[ˈdʒuːnɪə(r)]	a.	初级的；年少的
junk	[dʒʌŋk]	n.	(口语) 废品，破烂货
justice	[ˈdʒʌstɪs]	n.	正义；公正；司法

K

keep(kept, kept)	[kiːp]	v. / vt.	保持；保存；继续不断 / 培育，饲养
key	[kiː]	n.	钥匙；答案；键；关键
kid	[kɪd]	n.	小孩
kill	[kɪl]	v.	杀死，弄死
kilogram	[ˈkɪləgræm]	n.	千克
kilometre	[ˈkɪləʊmiːtə(r)]	e n.	千米 (公里)
kind	[kaɪnd]	n. / a.	种；类 / 善良，友好的
kindness	[ˈkaɪndnɪs]	n.	仁慈；善良
king	[kɪŋ]	n.	国王
kingdom	[ˈkɪŋdəm]	n.	王国
kiss	[kɪs]	n./ vt.	吻，亲吻
kitchen	[ˈkɪtʃɪn]	n.	厨房
knife (复 knives)	[naɪf]	n.	小刀；匕首；刀片
knock	[nɔk]	n./ v.	敲；打；击
know(knew, known)	[nəʊ]	v.	知道，了解；认识；懂得
knowledge	[ˈnɔlɪdʒ]	n.	知识，学问

L			
lab＝laboratory	[læb]	*n.*	实验室
labour（美 labor）	[ˈleɪbə(r)]	*n.*	劳动
lack	[læk]	*n./ vt.*	缺乏，缺少
lake	[leɪk]	*n.*	湖
lamb	[læm]	*n.*	羔羊
lamp	[læmp]	*n.*	灯，油灯；光源
land	[lænd]	*n.* *v.*	陆地，土地； 登岸（陆）；降落
language	[ˈlæŋgwɪdʒ]	*n.*	语言
large	[lɑːdʒ]	*a.*	大的；巨大的
laser	[ˈleɪzə(r)]	*n.*	激光
last	[lɑːst；(US)læst]	*a.* *ad.* *n.* *v.*	最近刚过去；最后的 最近刚过去；最后 最后 持续
late	[leɪt]	*a.* *ad.*	晚的，迟的 晚地，迟地
lately	[ˈleɪtli]	*ad.*	最近，不久前
later	[ˈleɪtə(r)]	*a.*	晚些的，迟些的
latest	[ˈleɪtɪst]	*a.*	最近，最新的；最晚的
latter	[ˈlætə(r)]	*n.*	（两者之中的）后者
laugh	[lɑːf]	*n./ v.*	笑，大笑；嘲笑
laughter	[ˈlɑːftə(r)；(US) ˈlæftər]	*n.*	笑；笑声
law	[lɔː]	*n.*	法律，法令；定律
lawyer	[ˈlɔːjə(r)；ˈlɔɪə(r)]	*n.*	律师
lay（laid，laid）	[leɪ]	*vt.*	放，搁
lazy	[ˈleɪzi]	*a.*	懒惰的
lead（led，led）	[liːd]	*v.* *n.*	领导，带领 铅
leader	[ˈliːdə(r)]	*n.*	领袖，领导人
leaf（复 leaves）	[liːf]	*n.*	（树，菜）叶
league	[liːg]	*n.*	联盟，社团
leak	[liːk]	*vi.*	漏；渗

learn (learnt, learnt; -ed -ed)	[lɜːn]	vt.	学，学习，学会
least	[liːst]	n.	最少，最少量
leather	['leðə(r)]	n.	皮革
leave (left, left)	[liːv]	v.	离开；把……留下，剩下
lecture	['lektʃə(r)]	n.	讲课，演讲
left	[left]	a. ad. n.	左边的 向左 左，左边
leg	[leg]	n.	腿；腿脚；支柱
legal	['liːg(ə)l]	a.	与法律有关的，法律的
lemon	['lemən]	n. a.	柠檬 柠檬色（味）的
lemonade	[lemə'neɪd]	n.	柠檬水
lend (lent, lent)	[lend]	vt.	借（出），把……借给
length	[leŋθ]	n.	长，长度，段，节
let (let, let)	[let]	vt.	让
letter	['letə(r)]	n.	信；字母
level	['lev(ə)l]	n.	水平线，水平
liberty	['lɪbəti]	n.	自由
liberate	['lɪbəreɪt]	vt.	解放，使获自由
liberation	[lɪbə'reɪʃ(ə)n]	n.	解放
library	['laɪbrərɪ; (US)'laɪbreri]	n.	图书馆，图书室
license	['laɪsəns]	n.	执照，许可证
lid	[lɪd]	n.	盖子
lie (lay, lain)	[laɪ]	v. n./vi.	躺；卧；平放；位于 谎言；说谎
life (复 lives)	[laɪf]	n.	生命；生涯；生活；人生；生物
lifetime	['laɪftaɪm]	n.	一生，终生
lift	[lɪft]	v. n.	举起，抬起；（云、烟等）消散 （英）电梯
light	[laɪt]	n. vt. a.	光，光亮；灯，灯光 点（火），点燃 明亮的；轻的；浅色的

lightning	[ˈlaɪtnɪŋ]	n.	闪电
like	[laɪk]	prep. vt.	像，跟……一样 喜欢，喜爱
likely	[ˈlaɪkli]	a.	很可能的
limit	[ˈlɪmɪt]	vt.	限制；减少
line	[laɪn]	n. v.	绳索，线，排，行，线路 画线于，(使) 成行
link	[lɪŋk]	v.	连接；联系
lion	[ˈlaɪən]	n.	狮子
lip	[lɪp]	n.	嘴唇
liquid	[ˈlɪkwɪd]	n./a.	液体；液体的
list	[lɪst]	n.	一览表，清单
listen	[ˈlɪs(ə)n]	vi.	听，仔细听
literature	[ˈlɪtərətʃə(r)； (US)ˈlɪtrətʃʊər]	n.	文学
literary	[ˈlɪtərərɪ； (US)ˈlɪtəreri]	a.	文学的
litre (美 liter)	[liːtə(r)]	n.	升；公升
litter	[ˈlɪtə(r)]	v.	乱丢杂物
little (less，least)	[ˈlɪt(ə)l]	a. ad. n.	小的，少的 很少，稍许 没有多少，一点
live	[lɪv]	vi. a.	生活；居住；活着 活的，活着的；实况，现场 (直播) 的
lively	[ˈlaɪvli]	a.	活泼的；充满生气的
load	[ləʊd]	n.	担子，货物
local	[ˈləʊk(ə)l]	a.	当地的；地方的
lock	[lɔk]	n. vt.	锁 锁，锁上
London	[ˈlʌnd(ə)n]	n.	伦敦
lonely	[ˈləʊnli]	a.	孤独的，寂寞的
long	[lɒŋ；(US)lɔːŋ]	a. ad.	长的，远 长久
look	[lʊk]	n. v. link v.	看，瞧 看，观看 看起来

loose	[luːs]	a.	松散的；宽松的
loss	[lɔs；(US)lɔːs]	n.	丧失；损耗
lose（lost, lost）	[luːz]	vt.	失去，丢失
loud	[laʊd]	a.	大声的
loudly	[laʊdli]	ad.	大声地
lounge	[laʊndʒ]	n.	休息厅；休息室
love	[lʌv]	n./vt.	爱；热爱；很喜欢
lovely	['lʌvli]	a.	美好的，可爱的
low	[ləʊ]	a./ad.	低；矮
luck	[lʌk]	n.	运气，好运
lucky	['lʌki]	a.	运气好，侥幸
luggage	['lʌgɪdʒ]	n.	（总称）行李
lunch	[lʌntʃ]	n.	午餐，午饭
lung	[lʌŋ]	n.	肺

M

machine	[mə'ʃiːn]	n.	机器
mad	[mæd]	a.	发疯的；生气的
magazine	[mægə'ziːn]	n.	杂志
magic	['mædʒɪk]	a.	有魔力的
mail	[meɪl]	n. / v.	邮政，邮递 / （美）邮寄
main	[meɪn]	a.	主要的
mainland	['meɪnlənd]	n.	大陆
major	['meɪdʒə(r)]	a.	较大的；主要的
majority	[mə'dʒɔrɪti]	n.	大多数
make（made,mad	[meɪk]	vt. / n.	制造，做；使得 / 样式；制造
male	[meɪl]	a.	男（性）的；雄的
man（复 men）	[mæn]	n.	成年男人；人类
manage	['mænɪdʒ]	v.	管理；设法对付
manager	['mænɪdʒə(r)]	n.	经理
mankind	[mæn'kaɪnd]	n.	人类；（总称）人
man-made	[mæn- meɪd]	a.	人造的，人工的
manner	['mænə(r)]	n.	方式，态度，举止

map	[mæp]	n.	地图
maple	['meɪp(ə)l]	n.	枫树
march	[mɑːtʃ]	n.	游行，行进
March	[mɑːtʃ]	n.	3 月
mark	[mɑːk]	n. vt.	标记 标明，做记号于
market	['mɑːkɪt]	n.	市场，集市
marriage	['mærɪdʒ]	n.	结婚，婚姻
married	['mærɪd]	a.	已婚的
marry	['mæri]	v.	（使）成婚，结婚
mask	[mɑːsk；(US)mæsk]	n. v.	口罩；面罩（具）；遮盖物 戴面具；掩饰；伪装
mass	[mæs]	n.	众多；大量；（复）群众
master	['mɑːstə(r)； (US)'mæstər]	vt.	精通，掌握
match	[mætʃ]	vt. n.	使相配，使成对 比赛，竞赛；火柴
material	[mə'tɪərɪəl]	n.	材料，原料
mathematics＝ math／maths	[mæθə'mætɪks]	n.	（常作单数用）数学，（英美口语）数学
matter	['mætə(r)]	n. vi.	要紧事，要紧，事情；问题 要紧，有重大关系
mature	[mə'tjʊə(r)； (US)mə'tʊər]	a.	成熟的
maximum	['mæksɪməm]	a./n.	最大量（的）；最大限度（的）
May	[mei]	n.	5 月
maybe	['meɪbiː]	ad.	可能，大概，也许
meal	[miːl]	n.	一餐（饭）
mean（meant， meant）	[miːn]	vt.	意思，意指
meaning	['miːnɪŋ]	n.	意思，含意
means	[miːnz]	n.	方法，手段；财产
meanwhile	['miːnwaɪl； (US)'mɪnhwaɪl]	ad.	同时
measure	['meʒə(r)]	v.	量

meat	[miːt]	n.	（猪、牛、羊等的）肉
medal	['med(ə)l]	n.	奖牌
media	['miːdɪə]	n.	大众传播媒介
medical	['medɪk(ə)l]	a.	医学的，医疗的
medicine	['meds(ə)n; (US)'medɪsn]	n.	药
medium	['miːdɪəm]	n.	媒体，中间的，中等的
meet（met, met）	[miːt]	vt./n.	遇见，见到；会；集会
member	['membə(r)]	n.	成员，会员
memory	['meməri]	n.	回忆，记忆
memorize	['meməraɪz]	v.	记忆
mental	['ment(ə)l]	a.	精神的；脑力的
mentally	['mentəli]	ad.	精神上；智力上
mention	['menʃu]	n. vt.	提及；记载 提到，说起；提名表扬
menu	['mejuː]	n.	菜单
merchant	['mɜːtʃənt]	a. n.	商业的；商人的 商人；生意人
mercy	['mɜːsi]	n.	怜悯
merely	['mɪəli]	ad.	仅仅，只不过
message	['mesɪdʒ]	n.	消息，音信
metal	['met(ə)l]	n. a.	金属 金属制成的
method	['meθəd]	n.	方法，办法
metre（美 meter）	['miːtə]	n.	米，公尺
Mexican	['meksɪkən]	a.	墨西哥的
Mexico	['meksɪkəʊ] *	n.	墨西哥
microscope	['maɪkrəskəʊp]	n.	显微镜
microwave	['maɪkrəʊweɪv]	n.	微波
middle	['mɪd(ə)l]	n.	中间；当中；中级的
Middle East	['mɪd(ə)l iːst]	n.	中东
midnight	['mɪdnaɪt]	n.	午夜
mile	[maɪl]	n.	英里
milk	[mɪlk]	n. vt.	牛奶 挤奶

million	[ˈmɪlɪən]	num.	百万
		n.	百万个（人或物）
mind	[maɪnd]	n.	思想，想法
		v.	介意，关心
mine	[maɪn]	n.	矿藏，矿山
		vt.	开采(矿物)
		pron.	我的
mineral	[ˈmɪnər(ə)l]	n.	矿物质，矿物
minimum	[ˈmɪnɪməm]	a.	最小的
minister	[ˈmɪnɪstə(r)]	n.	部长；牧师
ministry	[ˈmɪnɪstri]	n.	(政府的) 部
minority	[maɪˈnɒrɪtɪ; (US)-ˈnɔːr-]	n.	少数；少数民族
minute	[ˈmɪnɪt]	n.	分钟；一会儿，瞬间
mirror	[ˈmɪrə(r)]	n.	镜子
mistake (mistook, mistaken)	[mɪsˈteɪk]	n.	错误
		vt.	弄错
mistaken	[mɪsˈteɪkən]	a.	错误的
misunderstand (-stood, -stood)	[mɪsʌndəˈstænd]	v.	误会；不理解
mix	[mɪks]	v.	混合，搅拌
mixture	[ˈmɪkstʃə(r)]	n.	混合物
mobile	[ˈməʊbaɪl; (US)məʊbl]	a.	活动的，可移动的
model	[ˈmɒd(ə)l]	n.	模型，原形，范例，模范
modern	[ˈmɒd(ə)n]	a.	现代的
modest	[ˈmɒdɪst]	a.	谦虚的；谦逊的
moment	[ˈməʊmənt]	n.	片刻，瞬间
Monday	[ˈmʌndeɪ, ˈmʌndi]	n.	星期一
money	[ˈmʌni]	n.	钱；货币
monitor	[ˈmɒnɪtə(r)]	n.	(班级内的) 班长；纠察生；监视器
month	[mʌnθ]	n.	月，月份
monument	[ˈmɒnjʊmənt]	n.	纪念碑，纪念物
moon	[muːn]	n.	月球；月光；月状物
moral	[ˈmɒr(ə)l; (US)ˈmɔːrəl]	a.	道德的

Moscow	[ˈmɒskəʊ]	n.	莫斯科
mosquito	[məˈskiːtəʊ]	n.	蚊子
motivation	[məʊtɪˈveɪʃn]	n.	（做事的）动机
motor	[ˈməʊtə(r)]	n.	发动机，马达
mountain (s)	[ˈmaʊntɪn(z)]	n.	山，山脉
mountainous	[ˈmaʊntɪnəs]	a.	多山的
mouth	[maʊθ]	n.	嘴，口
mouthful	[ˈmaʊθfʊl]	n.	满口，一口
move	[muːv]	v.	移动，搬动，搬家
movement	[ˈmuːvmənt]	n.	运动，活动
movie	[ˈmuːvi]	n.	（口语）电影
mud	[mʌd]	n.	泥，泥浆
muddy	[ˈmʌdi]	a.	泥泞的
multiply	[ˈmʌltɪplaɪ]	vt.	乘；使相乘
murder	[ˈmɜːdə(r)]	vt.	谋杀
museum	[mjuːˈzɪəm]	n.	博物馆，博物院
mushroom	[ˈmʌʃrʊm]	n.	蘑菇
music	[ˈmjuːzɪk]	n.	音乐，乐曲
musical	[ˈmjuːzɪk(ə)l]	a. n.	音乐的，爱好音乐的 音乐片
musician	[mjuːˈzɪʃ(ə)n]	n.	音乐家，乐师
mutton	[ˈmʌt(ə)n]	n.	羊肉
N			
nail	[neɪl]	n.	钉，钉子
name	[neɪm]	n. vt.	名字，姓名，名称 命名，名叫
narrow	[ˈnærəʊ]	a.	狭窄的
nation	[ˈneɪʃ(ə)n]	n.	民族，国家
national	[ˈnæʃən(ə)l]	a.	国家的，全国性的，民族的
nationality	[næʃəˈnæləti]	n.	国籍
nationwide	[ˈneɪʃ(ə)nwaɪd]	ad.	全国范围内的，全国性的
native	[ˈneɪtɪv]	a.	本土的，本国的
natural	[ˈnætʃər(ə)l]	a.	自然的

nature	[ˈneɪtʃə(r)]	n.	自然，性质，种类
near	[nɪə(r)]	a. ad. prep.	近的 附近，邻近 在……附近，靠近
nearby	[ˈnɪəbaɪ]	a.	附近的
nearly	[ˈnɪəli]	ad.	将近，几乎
necessary	[ˈnesəsərɪ; (US)ˈnesəseri]	a.	必需的，必要的
neck	[nek]	n.	颈，脖子
need	[niːd]	n. v.	需要，需求 需要，必须
needle	[niːd(ə)l]	n.	针
negotiate	[nɪˈgəʊʃɪeɪt]	v.	谈判，协商
neighbour （美 neighbor）	[ˈneɪbə(r)]	n.	邻居，邻人
neighbourhood （美 neighborhood）	[ˈneibəhud]	n.	四邻；邻近地区
neither	[ˈnaɪðə(r);ˈniːðə(r)]	a.	（两者）都不；也不
nervous	[ˈnɜːvəs]	a.	紧张不安的
nest	[nest]	n.	巢；窝
net	[net]	n.	网
network	[ˈnetwɜːk]	n.	网络，网状系统
never	[ˈnevə(r)]	ad.	决不，从来没有
New York	[njuː jɔːk]	n.	纽约
New Zealand	[njuː ˈziːlənd]	n.	新西兰
news	[njuːz;(US)nuːz]	n.	新闻，消息
newspaper	[ˈnjuːzpeɪpə(r)]	n.	报纸
next	[nekst]	a. ad. n.	最近的，紧挨着的，隔壁的；下一次的 随后，然后，下一步 下一个人（东西）
noble	[ˈnəʊb(ə)l]	a.	高贵的，贵族的
noise	[nɔɪz]	n.	声音，噪声，喧闹声
noisy	[ˈnɔɪzi]	a.	喧闹的，嘈杂的
none	[nʌn]	pron.	无任何东西，无一人
non-stop	[nʌn-stɒp]	a./ ad.	不停的，不断地

non-violent	[nɒn-ˈvaɪələnt]	*a.*	非暴力的
noodle	[ˈnuːd(ə)l]	*n.*	面条
noon	[nuːn]	*n.*	中午，正午
nor	[nɔː(r)]	*conj.*	也不
normal	[ˈnɔːm(ə)l]	*n./a.*	正常的（状态）
north	[nɔːθ]	*a.* *ad.* *n.*	北的；朝北的；从北来的 向（在，从）北方 北；北方；北部
northeast	[nɒːθˈiːst]	*n.*	东北（部）
northern	[ˈnɔːð(ə)n]	*a.*	北方的，北部的
northwards	[ˈnɔːθwədz]	*ad.*	向北
northwest	[nɒːθˈwest]	*n.*	西北
nose	[nəʊz]	*n.*	鼻
not	[nɒt]	*ad.*	不，没
note	[nəʊt]	*n.* *vt.*	便条，笔记，注释；钞票，纸币；音符，音调 记下，记录；注意，留意
notebook	[ˈnəʊtbʊk]	*n.*	笔记簿
nothing	[ˈnʌθɪŋ]	*n.* *adv.*	没有东西，没有什么 一点也不；并不
notice	[ˈnəʊtɪs]	*n.* *vt.*	布告，通告；注意 注意，注意到
novel	[ˈnɒv(ə)l]	*n.*	（长篇）小说
novelist	[ˈnɒvəlɪst]	*n.*	小说家
November	[nəʊˈvembə(r)]	*n.*	11 月
nowadays	[ˈnaʊədeɪz]	*ad.*	当今，现在
nuclear	[ˈnjuːklɪə(r)]	*a.*	原子核的，原子能的，核动力的
number	[ˈnʌmbə(r)]	*n.*	数，数字，号码，数量
nurse	[nɜːs]	*n.*	护士；保育员
nut	[nʌt]	*n.*	坚果，果仁（胡桃，栗子等）
nutrition	[njuːˈtrɪʃ(ə)n]	*n.*	营养，滋养
nylon	[ˈnaɪlɒn]	*n.*	尼龙
O			
obey	[əʊˈbei]	*v.*	服从，顺从，听从

object	[ˈɒbdʒɪkt]	*n.*	物，物体；宾语
observe	[əbˈzɜːv]	*v.*	观察，监视，观测
obtain	[əbˈteɪn]	*vt.*	获得；得到
obvious	[ˈɒbvɪəs]	*a.*	显然
occupation	[ɒkjʊˈpeɪʃ(ə)n]	*n.*	职业，工作
occur	[əˈkɜː(r)]	*vi.*	发生
ocean	[ˈəʊʃ(ə)n]	*n.*	海洋
October	[ɒkˈtəʊbə(r)]	*n.*	10 月
offer	[ˈɒfə(r)；(US)ɒːfər]	*n./vt.*	提供；建议
office	[ˈɒfɪs；(US)ˈɔːfɪs]	*n.*	办公室
officer	[ˈɒfɪsə(r)；(US)ɒːfɪsər]	*n.*	军官；公务员，官员；警察，警官
official	[əˈfɪʃ(ə)l；(US)ɒːf-]	*n.* *a.*	(公司、团体或政府) 官员，高级职员 官方，政府的
oil	[ɔɪl]	*n.*	油
Olympic Games	[əˈlɪmpɪk geɪms]	*n.*	奥运会
omelette	[ˈɒmlɪt]	*n.*	煎蛋卷；煎蛋饼
once	[wʌns]	*n./ad.* *conj.*	一次，一度，从前 一旦
open	[ˈəʊpən]	*a.* *vt.*	开着的，开的 开，打开
opera	[ˈɒpərə]	*n.*	歌剧
opera house	[ˈɒpərə haʊs]	*n.*	歌剧院，艺术剧院
operate	[ˈɒpəreɪt]	*v.*	做手术，运转；实施，负责，经营，管理
operation	[ɒpəˈreɪʃ(ə)n]	*n.*	手术，操作
opinion	[əˈpɪnjən]	*n.*	看法，见解
oppose	[əˈpəʊz]	*vt.*	反对；反抗
opposite	[ˈɒpəzɪt]	*n.* *a.*	相反，对面 相反的，对面的
optimistic	[ɒptɪˈmɪstɪk]	*a.*	乐观的
oral	[ˈɔːrəl]	*a.*	口述的，口头上的
orange	[ˈɒrɪndʒ；(US)ˈɔːr-]	*n.* *a.*	橘子，橙子，橘汁 橘色的，橙色的
orbit	[ˈɔːbɪt]	*n.*	(天体等的) 运行轨道

order	[ˈɔː(r)də(r)]	*n.*	顺序
order	[ˈɔː(r)də(r)]	*vt.*	订购，订货；点菜
ordinary	[ˈɔːdɪnərɪ; (US)ˈɔːrdəneri]	*a.*	普通的，平常的
organ	[ˈɔːgən]	*n.*	（人，动物）器官
organise (美 organize)	[ˈɔːgənaɪz]	*vt.*	组织
organization	[ɔːgənaɪˈzeɪʃ(ə)n]	*n.*	组织，机构
origin	[ˈɔrɪdʒɪn]	*n.*	起源，由来
other	[ˈʌðə(r)]	*pron.* / *a.*	别人，别的东西 / 别的，另外的
otherwise	[ˈʌðəwaɪz]	*ad.*	要不然，否则，另外
ought	[ɔːt]	*v.*/ *aux.*	应该，应当
outcome	[ˈaʊtkʌm]	*n.*	结果，效果
outdoors	[aʊtˈdɔːz]	*ad.*	在户外，在野外
outer	[ˈaʊtə(r)]	*a.*	外部的，外面的
outgoing	[ˈaʊtgəʊɪŋ]	*a.*	爱交际的，外向的
outline	[ˈaʊtlaɪn]	*n.*	概述，略述
output	[ˈaʊtpʊt]	*n.*	产量，输出量
outside	[aʊtˈsaɪd]	*n.* / *ad.* / *prep.*	外面 / 在外面；向外面 / 在……外面
outstanding	[aʊtˈstændɪŋ]	*a.*	优秀的，杰出的
outward (s)	[ˈaʊtwədz]	*ad.*	向外的，外出的
over	[ˈəʊvə(r)]	*prep.* / *ad.*	在……上方，越过，遍及 / 翻倒，遍布，越过，结束
overcoat	[ˈəʊvəkəʊt]	*n.*	大衣
overcome	[əʊvəˈkʌm]	*v.*	克服，解决
overlook	[əʊvəˈlʊk]	*v.*	忽略，不予理会
overweight	[əʊvəˈweɪt]	*a.*	太胖的，超重的
owe	[əʊ]	*vt.*	欠（债等）
own	[əʊn]	*a.* / *v.*	自己的 / 拥有，所有
owner	[ˈəʊnə(r)]	*n.*	物主，所有人

ox（复 oxen）	[ɔks]	n.	牛；公牛
P			
pace	[peɪs]	n.	步子；节奏
Pacific	[pə'sɪfɪk]	a.	太平洋的
package	['pækɪdʒ]	n.	（尤指包装好或密封的容器）一包，一袋，一盒
packet	['pækɪt]	n.	小包裹，袋
page	[peɪdʒ]	n.	页，页码
pain	[peɪn]	n.	疼痛，疼
painful	['peɪnfʊl]	a.	使痛的，使痛苦的
paint	[peɪnt]	n. vt.	油漆 油漆，粉刷，绘画
painter	['peɪntə(r)]	n.	绘画者，（油）画家
painting	['peɪntɪŋ]	n.	油画，水彩画
pair	[peə(r)]	n.	一双，一对
palace	['pælɪs]	n.	宫，宫殿
pale	[peɪl]	a.	苍白的，灰白的
pancake	['pænkeɪk]	n.	薄煎饼
panic	['pænɪk]	a./v.	惊慌，恐慌，惶恐不安
paper	['peɪpə(r)]	n.	纸；报纸
paragraph	['pærəgrɑːf; (US)'pærəgræf]	n.	（文章的）段落
parallel	['pærəlel]	n.	极其相似的人，纬线
pardon	['pɑːd(ə)n]	n.	原谅，宽恕，对不起
parent	['peərənt]	n.	父（母），双亲
Paris	['pærɪs]	n.	巴黎
park	['pɑːk]	n. vt.	公园 停放（汽车）
parking	['pɑːkɪŋ]	n.	停车
parrot	['pærət]	n.	鹦鹉
part	[pɑːt]	n. a. v.	部分；成分；角色；部件；零件 局部的；部分的 分离；分开；分割
participate	[pɑː'tɪsɪpeɪt]	v.	参加，参与

particular	[pə'tɪkjʊlə(r)]	a.	特殊的，个别的
partly	['pɑːtli]	ad.	部分地，在一定程度上
partner	['pɑːtnə(r)]	n.	搭档，合作者
part-time	['pɑːt -taɪm]	a./ ad.	兼职的；部分时间的（地）
party	['pɑːti]	n.	聚会，晚会；党派
pass	[pɑːs; (US) pæs]	vt.	传，递；经过；通过
passage	['pæsɪdʒ]	n.	(文章等的)一节，一段；通道；走廊
passenger	['pæsɪndʒə(r)]	n.	乘客，旅客
passive	['pæsɪv]	a.	被动的
passport	['pɑːspɔːt; (US)'pæ-]	n.	护照
past	[pɑːst; (US) pæst]	ad. n. prep.	经过 过去，昔日，往事 过……，走过某处
patent	['peɪt(ə)nt; (US) 'pætnt]	n.	专利权，专利证书
path	[pɑːθ; (US) pæθ]	n.	小道，小径
patience	['peɪʃns]	n.	容忍；耐心
patient	['peɪʃ(ə)nt]	n.	病人
pattern	['pæt(ə)n]	n.	式样
pause	[pɔːz]	n./ vi.	中止，暂停；停止
pay（paid，paid)	[peɪ]	v. n.	付钱，给……报酬 工资
peace	[piːs]	n.	和平
peaceful	['piːsfʊl]	a.	和平的，安宁的
peach	[piːtʃ]	n.	桃子
pear	[peə(r)]	n.	梨子，梨树
peasant	['pezənt]	n.	农民；佃农
pedestrian	[pɪ'destrɪən]	n.	步行者，行人
pen	[pen]	n.	钢笔，笔
pencil	['pens(ə)l]	n.	铅笔
pension	['penʃ(ə)n]	n.	养老金
people	['piːp(ə)l]	n.	人，人们；人民
per	[pə(r)]	prep.	每，每一
percent	[pə'sent]	n.	百分之……

percentage	[pə'sentɪdʒ]	n.	百分率
perfect	[pɜ:fɪkt]	a.	完美的，极好的
perform	[pə'fɔ:m]	v.	表演，履行；行动
performance	[pə'fɔ:məns]	n.	演出，表演
perfume	['pɜ:fju:m]	n.	香水
perhaps	[pə'hæps]	ad.	可能，或
period	['pɪərɪəd]	n.	时期，时代
permanent	['pɜ:mənənt]	a.	永久的，永恒的
permission	[pə'mɪʃ(ə)n]	n.	允许，许可，同意
permit	[pə'mɪt]	vt.	许可，允许；执照
	['pɜ:mɪt]	n.	许可证
person	['pɜ:s(ə)n]	n.	人
personal	['pɜ:sən(ə)l]	a.	个人的，私人的
personnel	[pɜ:sə'nel]	n.	全体人员，职员
persuade	[pə'sweɪd]	vt.	说服，劝说
pest	[pest]	n.	害虫
pet	[pet]	n.	宠物，爱畜
petrol	['petr(ə)l]	n.	石油
phenomenon (pl. phenomena)	[fɪ'nɒmɪnən; (US)-nən-]	n.	现象
phone＝telephone	[fəʊn]	v.	打电话
		n.	电话，电话机
photo＝photograph	['fəʊtəʊ]	n.	照片
photograph	['fəʊtəɡrɑːf; (US)-ɡræf]	n.	照片
phrase	[freɪz]	n.	短语；习惯用语
physical	['fɪzɪk(ə)l]	a.	身体的；物理的
physician	[fɪ'zɪʃ(ə)n]	n.	(有行医执照的) 医生
physicist	['fɪzɪsɪst]	n.	物理学家
physics	['fɪzɪks]	n.	物理 (学)
piano	[pɪ'ænəʊ]	n.	钢琴
pick	[pɪk]	v.	拾起，采集；挑选
picnic	['pɪknɪk]	n./ v.	野餐
picture	['pɪktʃə(r)]	n.	图片，画片，照片

pie	[paɪ]	*n.*	甜馅饼
piece	[piːs]	*n.*	一块（片，张，件……）
pile	[paɪl]	*n.*	堆
pill	[pɪl]	*n.*	药丸，药片
pillow	['pɪləʊ]	*n.*	枕头
pilot	['paɪlət]	*n.*	飞行员
pine	[paɪn]	*n.*	松树
pioneer	[paɪə'nɪə(r)]	*n.*	先锋，开拓者
pipe	[paɪp]	*n.*	管子，输送管
pity	['pɪti]	*n.*	怜悯，同情
place	[pleɪs]	*n.* *v.*	地方，处所 放置，安置，安排
plan	[plæn]	*n./ v.*	计划，打算
plane	[pleɪn]	*n.*	飞机
planet	['plænɪt]	*n.*	行星
plant	[plɑːnt; (US)plænt]	*vt.*	种植，播种 *n.* 植物
plastic	['plæstɪk]	*a.*	塑料的
plate	[pleɪt]	*n.*	板；片；牌；盘子；盆子
platform	['plætfɔːm]	*n.*	讲台，（车站的）月台
play	[plei]	*v.* *n.*	玩；打（球）；游戏；播放 玩耍，戏剧
playground	['pleɪgraʊnd]	*n.*	操场，运动场
pleasant	['plezənt]	*a.*	令人愉快的，舒适的
please	[pliːz]	*int./v.*	请，使人高兴，使人满意
pleasure	['pleʒə(r)]	*n.*	高兴，愉快
plenty	['plenti]	*n.*	充足，大量
plot	[plɒt]	*v./n.*	故事情节，密谋
pocket	['pɒkɪt]	*n.*	（衣服的）口袋
poem	['pəʊɪm]	*n.*	诗
poet	['pəʊɪt]	*n.*	诗人
point	[pɔɪnt]	*v.* *n.*	指，指向 点；分数
poison	['pɔɪz(ə)n]	*n.*	毒药

poisonous	[ˈpɔɪzənəs]	a.	有毒的，致命的
pole	[pəʊl]	n.	杆，电线杆；(地球的) 极，极地
the North (South) Pole			北(南) 极
police	[pəˈliːs]	n.	警察，警务人员
policy	[ˈpɒlɪsi]	n.	政策，方针，原则
polite	[pəˈlaɪt]	a.	有礼貌的，有教养的
political	[pəˈlɪtɪk(ə)l]	a.	政治的
politician	[pɒlɪˈtɪʃ(ə)n]	n.	政治家
politics	[ˈpɒlɪtɪks]	n.	政治
pollute	[pəˈluːt]	vt.	污染
pollution	[pəˈluːʃ(ə)n]	n.	污染
pool	[puːl]	n.	水塘，水池
poor	[pʊə(r)]	a.	贫穷的；可怜的；不好的，差的
popular	[ˈpɒpjʊlə(r)]	a.	流行的，大众的，受欢迎的
population	[pɒpjʊˈleɪʃ(ə)n]	n.	人口，人数
porridge	[ˈpɒrɪdʒ; (US)ˈpɔːrɪdʒ]	n.	稀饭，粥
port	[pɔːt]	n.	港口，码头
portable	[ˈpɔːtəb(ə)l]	a.	手提的，便携式的
porter	[ˈpɔːtə(r)]	n.	(火车站或旅馆处的) 搬运工
position	[pəˈzɪʃ(ə)n]	n.	位置
possess	[pəˈzes]	vt.	占有；拥有
possession	[pəˈzeʃ(ə)n]	n.	所有，拥有；财产，所有物
possibility	[pɒsɪˈbɪlɪti]	v./n.	可能，可能性
possible	[ˈpɒsɪb(ə)l]	a.	可能的
possibly	[ˈpɒsəbli]	ad.	可能地，也许
post	[pəʊst]	n. v.	邮政，邮寄，邮件 投寄；邮寄
poster	[ˈpəʊstə(r)]	n.	(贴在公共场所的大型)招贴；广告(画)
postpone	[pəʊstˈpəʊn]	vt.	推迟，延期
pot	[pɒt]	n.	锅，壶，瓶，罐
potato	[pəˈteɪtəʊ]	n.	土豆，马铃薯

potential	[pə'tenʃ(ə)l]	a.	潜在的，可能的
pour	[pɔ:(r)]	vi.	倾泻，不断流出
powder	['paʊdə(r)]	n.	粉，粉末
power	['paʊə(r)]	n.	力，动力，电力
powerful	['paʊəfʊl]	a.	效力大的，强有力的，强大的
practical	['præktɪk(ə)l]	a.	实际的，适用的
practice	['præktɪs]	n.	练习
praise	[preɪz]	n./ vt.	赞扬，表扬
pray	[prei]	v.	祈祷；祈求
precious	['preʃəs]	a.	宝贵的，珍贵的
precise	[prɪ'saɪs]	a.	准确，精确的，确切的
predict	[prɪ'dɪkt]	v.	预言，预告，预报
prefer	[prɪ'fɜ:(r)]	vt.	宁愿（选择），更喜欢
preference	['prefərəns]	n.	选择，趋向
pregnant	['pregnənt]	a.	怀孕的
prejudice	['predʒʊdɪs]	n.	偏见，成见
premier	['premɪə(r); (US)prɪ'mɪər]	n.	首相，总理
preparation	[ˌprepə'reɪʃ(ə)n]	n.	准备
prepare	[prɪ'peə(r)]	vt.	准备，预备，调制，配制
prescription	[prɪ'skrɪpʃ(ə)n]	n.	处方，药方
present	['prez(ə)nt] [prɪ'zent]	a. n. vt.	出现的，出席的 礼物，赠品 呈奉，奉送
presentation	[prezən'teɪʃ(ə)n; (US)pri:zen'teɪʃn]	n.	演示，演出
preserve	[prɪ'zɜ:v]	v.	保护，保留，保存
president	['prezɪdənt]	n.	总统；主席
press	[pres]	vt. n.	压，按 新闻界，出版社
pressure	['preʃə(r)]	n.	压迫，压力，压强
pretend	[prɪ'tend]	vi.	假装，装作
pretty	['prɪti]	a.	漂亮的，俊俏的
prevent	[prɪ'vent]	vt.	防止，预防

preview	[ˈpriːvjuː]	vt.	预习；试演；预展
price	[praɪs]	n.	价格，价钱
pride	[praɪd]	n.	自豪，骄傲
primary	[ˈpraɪməri]	a.	初等的；初级的
primary school	[ˈpraɪməri skuːl]		小学
primitive	[ˈprɪmɪtɪv]	a.	原始的，远古的
principle	[ˈprɪnsɪp(ə)l]	n.	道德原则，法则
print	[prɪnt]	vt.	印刷
printer	[ˈprɪntə(r)]	n.	打印机
printing	[ˈprɪntɪŋ]	n.	印刷，印刷术
prison	[ˈprɪz(ə)n]	n.	监狱
prisoner	[ˈprɪznə(r)]	n.	囚犯
private	[ˈpraɪvɪt]	a.	私人的
privilege	[ˈprɪvɪlɪdʒ]	n.	特权，特殊待遇
prize	[praɪz]	n.	奖赏，奖品
probable	[ˈprɒbəb(ə)l]	a.	很可能，很有希望的
probably	[ˈprɒbəb(ə)li]	ad.	很可能，大概
problem	[ˈprɒbləm]	n.	问题，难题
procedure	[prəˈsiːdʒə(r)]	n.	程序，手续，待遇
process	[ˈprəʊses; (US)ˈprɒses]	n./v.	过程，加工，处理
produce	[prəˈdjuːs; (US)-ˈduːs]	vt.	生产；制造
product	[ˈprɒdʌkt]	n.	产品，制品
production	[prəˈdʌkʃ(ə)n]	n.	生产；制造
profession	[prəˈfeʃ(ə)n]	n.	（需要有高等教育学位的）职业（如医生或律师）
professor	[prəˈfesə(r)]	n.	教授
profit	[ˈprɒfɪt]	n.	利润，收益
programme (美 program)	[ˈprəʊɡræm]	n.	节目；项目
progress	[ˈprəʊɡres] [prəˈɡres]	n. vi.	进步，上进 进展，进行
prohibit	[prəˈhɪbɪt]	v.	禁止
project	[ˈprɒdʒekt]	n.	工程

promise	[ˈprɒmɪs]	n./ vi.	答应，允诺
promote	[prəˈməʊt]	v.	促进，推动，促销，晋升
pronounce	[prəˈnaʊns]	vt.	发音
pronunciation	[prənʌnsɪˈeɪʃ(ə)n]	n.	发音
proper	[ˈprɒpə(r)]	a.	恰当的，合适的
properly	[ˈprɒpəli]	ad.	适当地
protect	[prəˈtekt]	vt.	保护
protection	[prəˈtekʃ(ə)n]	n.	保护
proud	[praʊd]	a.	自豪的；骄傲的
prove	[pruːv]	vt.	证明
provide	[prəˈvaɪd]	vt.	提供
province	[ˈprɒvɪns]	n.	省
psychology	[saɪˈkɒlədʒɪ]	n.	心理学
pub	[pʌb]	n.	酒店，酒吧
public	[ˈpʌblɪk]	a. n.	公共，公众的 公众
publicly	[ˈpʌblɪkli]	ad.	当众；公开地
publish	[ˈpʌblɪʃ]	vt.	出版，发行
pull	[pʊl]	v. n.	拉，拖 拉力，引力
pulse	[pʌls]	n.	脉搏，（光、能量、波等的）脉动，搏动
pump	[ˈpʌmp]	vt.	用泵抽水
punctual	[ˈpʌŋktʃʊəl]	a.	准时的
punctuate	[ˈpʌŋktʃʊeɪt]	v.	加标点
punctuation	[ˌpʌŋktʃuˈeɪʃn]	n.	标点符号
punish	[ˈpʌnɪʃ]	v.	惩罚，处罚
punishment	[ˈpʌnɪʃmənt]	n.	惩罚
pupil	[ˈpjuːpɪl]	n.	(小) 学生
purchase	[ˈpɜːtʃəs]	v.	购买，采购
pure	[pjʊə(r)]	a.	纯的，不掺杂的
purple	[ˈpɜːp(ə)l]	n./a.	紫色
purpose	[ˈpɜːpəs]	n.	目的，意图

purse	[pɜːs]	n.	钱包
push	[pʊʃ]	n./v.	推
put (put, put)	[pʊt]	vt.	放，摆
puzzle	['pʌz(ə)l]	n.	难题，（字、画）谜
puzzled	['pʌz(ə)ld]	a.	迷惑的，困惑的
pyramid	['pɪrəmɪd]	n.	角锥形，金字塔

Q			
qualification	[kwɒlɪfɪ'keɪʃ(ə)n]	n.	资格，学历
quality	['kwɒlɪti]	n.	质量，性质
quantity	['kwɒntəti]	n.	量，数
quarter	['kwɔːtə(r)]	n.	四分之一，一刻钟
queen	[kwiːn]	n.	皇后，女王
question	['kwestʃ(ə)n]	vt.	询问 n. 问题
questionnaire	[kwestʃə'neə(r)]	n.	调查表，问卷
queue	[kjuː]	n.	行列，长队
quick	[kwɪk]	a. / ad.	快，敏捷的；急剧的 / 快地；敏捷地；急剧地
quiet	['kwaɪət]	a.	安静的；寂静的
quit	[kwɪt]	v.	离任，离校，戒掉
quite	[kwaɪt]	ad.	完全，十分
quiz	[kwɪz]	n.	测验，小型考试

R			
rabbit	['ræbɪt]	n.	兔，家兔
race	[reɪs]	n. / v.	种族，民族；（速度）竞赛，比赛 / 赛跑，竞赛
racial	['reɪʃ(ə)l]	a.	种族的
radiation	[reɪdɪ'eɪʃ(ə)n]	n.	放射，放射物
radio	[reɪdɪəʊ]	n.	无线电，收音机
radioactive	[reɪdɪəʊ'æktɪv]	a.	放射性的
radium	['reɪdɪəm]	n.	镭
rail	[reɪl]	n.	铁路
railway	['reɪlweɪ]	n.	铁路；铁道
rain	[reɪn]	n. / vi.	雨，雨水 / 下雨

rainbow	[ˈreɪnbəʊ]	n.	虹，彩虹
raincoat	[ˈreɪnkəʊt]	n.	雨衣
rainfall	[ˈreɪnfɔːl]	n.	一场雨；降雨量
rainy	[ˈreɪni]	a.	下雨的；多雨的
raise	[reɪz]	vt.	使升高；饲养
random	[ˈrændəm]	a.	随意，未经事先考虑的
range	[reɪndʒ]	n./ v.	变化，变动，排序
rank	[ræŋk]	n.	职衔，军衔
rapid	[ˈræpɪd]	a.	快的，迅速的
rare	[reə(r)]	a.	罕见的，稀有的
rat	[ræt]	n.	老鼠
rate	[reɪt]	n./ v.	率，评估，评价
rather	[ˈrɑːðə; (US)ˈræðər]	ad.	相当，宁可
raw	[rɔː]	a.	生的，未煮过的，未加工的
raw material	[rɔː məˈtɪərɪəl]		原料
reach	[riːtʃ]	v.	到达，伸手（脚）够到
react	[riːˈækt]	v.	回应，过敏，起物理，化学反应
read（read，read）	[riːd]	v.	读；朗读
reading	[ˈriːdɪŋ]	n.	阅读；朗读
ready	[ˈredi]	a.	准备好的
real	[riːl]	a.	真实的，确实的
reality	[rɪˈælɪti]	n.	现实
realise（美 realize）	[ˈrɪəlaɪz]	vt.	认识到，实现
really	[ˈrɪəli]	ad.	真正地；到底；确实
reason	[ˈriːz(ə)n]	vi. n.	评理，劝说 理由，原因
reasonable	[ˈriːzənəb(ə)l]	a.	合乎情理的
receipt	[rɪˈsiːt]	n.	收据
receive	[rɪˈsiːv]	v.	收到，得到
recent	[ˈriːsənt]	a.	近来的，最近的
reception	[rɪˈsepʃ(ə)n]	n.	接待
recipe	[ˈresɪpi]	n.	烹饪法，食谱
recite	[rɪˈsaɪt]	v.	背诵

recognise (美 recognize)	['rekəgnaɪz]	vt.	认出
recommend	[rekə'mend]	v.	推荐
record	['rekɔːd; (US)'rekərd]	n.	记录；唱片
record	[rɪ'kɔːd]	v.	录制，记录
recorder	[rɪ'kɔːdə(r)]	n.	录音机
recover	[rɪ'kʌvə(r)]	vi.	痊愈；恢复
recreation	[rekrɪ'eɪʃ(ə)n]	n.	娱乐，消遣
recycle	[riː'saɪk(ə)l]	vt.	回收，再循环
reduce	[rɪ'djuːs; (US)-'duːs]	vt.	减少，缩减
refer	[rɪ'fɜː(r)]	vi.	谈到，提到，涉及，有关
reference	['ref(ə)rəns]	n.	提到，涉及，谈及，查询
reflect	[rɪ'flekt]	v.	反映，反射
reform	[rɪ'fɔːm]	v./n.	改革，改进，改良
refresh	[rɪ'freʃ]	v.	使恢复精力，提醒
refuse	[rɪ'fjuːz]	vi.	拒绝，不愿
regard	[rɪ'gɑːd]	v.	把……看作
regardless	[rɪ'gɑːdlɪs]	a.	不顾，不加理会
register	['redʒɪstə(r)]	n. v.	登记簿，花名册，注册员 登记，注册
regret	[rɪ'gret]	n./vt.	可惜，遗憾；痛惜；哀悼
regular	['regjʊlə(r)]	a.	规则的，经常
regulation	[regjʊ'leɪʃ(ə)n]	n.	规则，规章
reject	[rɪ'dʒekt]	v.	拒绝
relate	[rɪ'leɪt]	vi.	有关；涉及
relation	[rɪ'leɪʃ(ə)n]	n.	关系；亲属
relationship	[rɪ'leɪʃənʃɪp]	n.	关系
relative	['relətɪv]	n.	亲属，亲戚
relax	[rɪ'læks]	v.	（使）放松，轻松
relay	['riːlei]	n. v.	接力，接替人，中转 接替，补充；转运
relevant	['reləvənt]	a.	紧密相关，有意义的
reliable	[rɪ'laɪəb(ə)l]	a.	可信赖的，可依靠的
relief	[rɪ'liːf]	n.	轻松，解脱，缓和，救济

religious	[rɪˈlɪdʒəs]	a.	宗教的
rely	[rɪˈlai]	v.	依赖，依靠
remain	[rɪˈmeɪn]	vt. vi.	余下，留下 保持，仍是
remark	[rɪˈmɑːk]	n.	陈述；话；议论
remember	[rɪˈmembə(r)]	v.	记得，想起
remind	[rɪˈmaɪnd]	vt.	提醒，使记起
remote	[rɪˈməʊt]	a.	偏远的，偏僻的
remove	[rɪˈmuːv]	vt.	移动，拿走，脱掉（衣服等）
rent	[rent]	n./v.	租金
repair	[rɪˈpeə(r)]	n./vt.	修理；修补
repeat	[rɪˈpiːt]	vt.	重说，重做
replace	[rɪˈpleɪs]	vt.	取代
reply	[rɪˈplai]	n.	回答，答复
report	[rɪˈpɔːt]	n./v.	报道，报告
represent	[ˌreprɪˈzent]	vt.	代表
representative	[reprɪˈzentətɪv]	n.	代表，典型人物
republic	[rɪˈpʌblɪk]	n.	共和国
reputation	[repjuˈteɪʃ(ə)n]	n.	名声，名誉
request	[rɪˈkwest]	n.	请求，要求的事物
require	[rɪˈkwaɪə(r)]	vt.	需求；要求
requirement	[rɪˈkwaɪəmənt]	n.	需要；要求；必要的条件
rescue	[ˈreskjuː]	vt.	营救，援救
research	[rɪˈsɜːtʃ]	n.	研究，调查
resemble	[rɪˈzemb(ə)l]	v.	（不用进行时）像，看起来像
reservation	[rezəˈveɪʃ(ə)n]	n.	预订
reserve	[rɪˈzɜːv]	n./v.	储备；预订
resign	[rɪˈzaɪn]	v.	辞职
resist	[rɪˈzɪst]	v.	抵抗；挡开
respect	[rɪˈspekt]	vt./n.	尊敬，尊重
respond	[rɪˈspɒnd]	v.	回答，回应，做出反应
responsibility	[rɪˌspɒnsɪˈbɪlɪti]	n.	责任，负责

rest	[rest]	n. vi.	休息；剩余的部分，其余的人（物） 休息，歇息
restaurant	['restərənt； (US)'restərənt]	n.	饭馆，饭店
restrict	[rɪ'strɪkt]	v.	限制
restriction	[rɪ'strɪkʃ(ə)n]	n.	限制，约束
result	[rɪ'zʌlt]	n.	结果，效果
retire	[rɪ'taɪə(r)]	v.	退休
return	[rɪ'tɜːn]	v.	归还
review	[rɪ'vjuː]	vt. n.	重新调查；回顾；复习 复查；复习；评论
reviewer	[rɪ'vjuːə(r)]	n.	评论者；书评家
revision	[rɪ'vɪʒ(ə)n]	n.	复习，温习
revolution	[revə'luːʃ(ə)n]	n.	革命，变革
reward	[rɪ'wɔːd]	n.	奖赏
rhyme	[raɪm]	n./v.	押韵
rice	[raɪs]	n.	稻米；米饭
rich	[rɪtʃ]	a.	富裕的，有钱的
ridiculous	[rɪ'dɪkjʊləs]	a.	荒谬的，愚蠢的
right	[raɪt]	n. a. ad.	权利 对，正确的；右，右边的 正确地，恰恰，完全地
rigid	['rɪdʒɪd]	a.	死板的，僵硬的，固执的
ripe	[raɪp]	a.	成熟的，熟的
ripen	['raɪpən]	v.	成熟
rise (rose, risen)	[raɪz]	vi.	上升，上涨
risk	[rɪsk]	n./v.	危险，风险，冒险
river	['rɪvə(r)]	n.	江；河；水道；巨流
road	[rəʊd]	n.	路，道路
roast	[rəʊst]	v.	烤（肉）
rob	[rɒb]	v.	抢夺，抢劫
robot	['rəʊbɒt]	n.	机器人
rock	[rɒk]	n. vt.	岩石，大石头 摇，摇晃
rocket	['rɒkɪt]	n.	火箭

role	[rəʊl]	n.	角色
roll	[rəʊl]	v.	滚动，打滚
		n.	面包圈，小圆面包；卷状物
roller	['rəʊlə(r)]	n.	滚筒；碾子
roof	[ruːf]	n.	屋顶，顶部
room	[rʊm]	n.	房间，室；空间；地方
root	[ruːt]	n.	根，根源，起源
rope	[rəʊp]	n.	绳，索
rose	[rəʊz]	n.	玫瑰花
rough	[rʌf]	a.	粗糙的，粗略的
round	[raʊnd]	ad.	转过来
		prep.	环绕一周，围着
		a.	圆的；球形的
routine	[ruː'tiːn]	n.	常规，正常顺序，无聊
row	[rəʊ]	n.	（一）排，（一）行
		v.	划船
royal	['rɔɪəl]	a.	皇家的，王室的，国王的，女王的
rubber	['rʌbə(r)]	n.	橡胶；合成橡胶
rubbish	['rʌbɪʃ]	n.	垃圾；废物
rude	[ruːd]	a.	无理的，粗鲁的
ruin	['ruːɪn]	vt.	（使）毁坏；（使）毁灭
		n.	（复）废墟；遗迹
rule	[ruːl]	n.	规则，规定
		vt.	统治，支配
ruler	['ruːlə(r)]	n.	统治者；直尺
run (ran, run)	[rʌn]	vi.	跑，奔跑；（颜色）褪色
rush	[rʌʃ]	vi.	冲，奔跑
Russia	['rʌʃə]	n.	俄罗斯，俄国
Russian	['rʌʃ(ə)n]	a.	俄国人的，俄语的
		n.	俄国人，俄语
S			
sacred	['seɪkrɪd]	a.	害怕，恐惧，担心
sacrifice	['sækrɪfaɪs]	vt.	牺牲
sad	[sæd]	a.	（使人）悲伤的

sadness	['sædnɪs]	n.	悲哀，忧伤
safe	[seɪf]	a. n.	安全的 保险柜
safety	['seɪfti]	n.	安全，保险
sail	[seɪl]	n. v.	航行 航行，起航
sailing	['seɪlɪŋ]	n.	航海
sailor	['seɪlə(r)]	n.	水手，海员
salad	['sæləd]	n.	色拉（西餐中的一种菜）
salary	['sæləri]	n.	薪金，薪水
sale	[seɪl]	n.	卖，出售
salt	[sɔːlt, sɔlt]	n.	盐
salty	['sɔːltɪ, 'sɔlti]	a.	盐的，咸的，含盐的
salute	[sə'luːt, sə'ljuːt]	v./n.	敬礼
same	[seɪm]	n. a.	同样的事 同样的，同一
sand	[sænd]	n.	沙，沙子
sandwich	['sænwɪdʒ]	n.	三明治（夹心面包片）
satellite	['sætəlaɪt]	n.	卫星
satisfaction	[sætɪs'fækʃ(ə)n]	n.	满意
satisfy	['sætɪsfaɪ]	vt.	满足，使满意
Saturday	['sætədeɪ, 'sætədi]	n.	星期六
sauce	[sɔːs]	n.	酱汁；调味汁
sausage	['sɔsɪdʒ; (US)'sɔːsɪdʒ]	n.	香肠，腊肠
savage	['sævɪdʒ]	n.	野蛮人，未开化的人
save	[seɪv]	vt.	救，挽救，节省
saying	['seɪɪŋ]	n.	说，俗话，谚语
scan	[skæn]	v.	略读，浏览，扫描
scar	[skɑː(r)]	n.	伤疤，伤痕
scare	[skeə(r)]	v.	使害怕，使恐惧
scarf	[skɑːf]	a.	领巾，围巾
scene	[siːn]	n.	(戏剧、电影等的)一场，场景，布景
scenery	['siːnəri]	n.	风景，景色，风光

sceptical (AmE skeptical)	[ˈskeptɪkl]	a.	怀疑的
schedule	[ˈʃedjuːl;（US）ˈskedʒʊl]	n. v.	工作计划，日程安排 安排时间，预定
scholar	[ˈskɒlə(r)]	n.	学者
scholarship	[ˈskɒləʃɪp]	n.	奖学金
science	[ˈsaɪəns]	n.	科学，自然科学
scientific	[saɪənˈtɪfɪk]	a.	科学的
scientist	[ˈsaɪəntɪst]	n.	科学家
scissors	[ˈsɪzəz]	n.	剪刀，剪子
score	[skɔː(r)]	n./v.	得分，分数
Scotland	[ˈskɒtlənd]	n.	苏格兰
Scottish	[ˈskɒtɪʃ]	a. n.	苏格兰（人）的 苏格兰人
scratch	[skrætʃ]	v./n.	划破，划痕，划伤
scream	[skriːm]	n.	尖叫
screen	[skriːn]	n.	幕，荧光屏
sculpture	[ˈskʌlptʃə(r)]	n.	雕塑（术），雕刻（术），雕刻作品，雕像
sea	[siː]	n.	海，海洋
seal	[siːl]	n.	海豹
search	[sɜːtʃ]	n./v.	搜寻，搜查
seaside	[ˈsiːsaɪd]	n.	海滨
season	[ˈsiːz(ə)n]	n.	季；季节
seat	[siːt]	n.	座位，座
seaweed	[ˈsiːwiːd]	n.	海草，海藻，海带
second	[ˈsekənd]	n. a.	秒 num. 第二 第二的
secret	[ˈsiːkrɪt]	n.	秘密，内情
secretary	[ˈsekrətəri]	n.	秘书；书记
section	[ˈsekʃ(ə)n]	n.	段，部分，部门
secure	[sɪˈkjʊə(r)]	a.	安心的，有把握的，牢靠的
security	[sɪˈkjʊərɪti]	n.	安全，平安
seed	[siːd]	n.	种子

seek (sought, sought)	[siːk]	vt.	试图；探寻
seem	[siːm]	v.	似乎，好像
seize	[siːz]	vt.	抓住（时机等）
seldom	['seldəm]	ad.	很少，不常
select	[sɪ'lekt]	vt.	选择，挑选，选拔
self	[self]	n.	自己，自我，自身
selfish	['selfɪʃ]	a.	自私的
sell (sold, sold)	[sel]	v.	卖，售
send (sent, sent)	[send]	v.	打发，派遣；送，邮寄
senior	['siːnɪə(r)]	a. n.	年长的，资深的，高年级的 上级，长辈，高年级生
sense	[sens]	n.	感觉，意识
sensitive	['sensɪtɪv]	a.	体贴的，善解人意的
sentence	['sent(ə)ns]	n.	句子
separate	['sepərət]	v. a.	使分开，使分离 单独的，分开的
separately	['sepərətli]	ad.	单独地，各自
separation	[sepə'reɪʃ(ə)n]	n.	分离，隔离
September	[səp'tembə(r)]	n.	9 月
serious	['sɪərɪəs]	a.	严肃的，严重的，认真的
serve	[sɜːv]	vt.	招待（顾客等），服务
service	['sɜːvɪs]	n.	服务
session	['seʃ(ə)n]	n.	一场，一节，一段时间
set (set, set)	[set]	vt. n.	释放，安置 装备，设备
settle	['set(ə)l]	vi.	安家，定居
settlement	['setəlmənt]	n.	新拓居地；（美）部落，村落
settler	['setlə(r)]	n.	移居者，开拓者
several	['sevr(ə)l]	pron. a.	几个，数个 若干
severe	[sɪ'vɪə(r)]	a.	极为恶劣，十分严重的
sex	[seks]	n.	性，性别
shade	[ʃeɪd]	n.	阴凉处，树荫处

shadow	[ˈʃædəʊ]	n.	影子，阴影
shake (shook, shaken)	[ʃeɪk]	v.	（使）动摇，震动
shallow	[ˈʃæləʊ]	a.	浅的，不深的，肤浅的
shame	[ʃeɪm]	n.	遗憾的事；羞愧
shape	[ʃeɪp]	n. v.	形状，外形 使成型，制造，塑造
share	[ʃeə(r)]	vt.	分享，共同使用
shark	[ʃɑːk]	n.	鲨鱼
sharp	[ʃɑːp]	a.	锋利的，尖的
shave (shaved, shaved 或 shaven)	[ʃeɪv]	v.	刮（脸，胡子）
shaver	[ˈʃeɪvə]	n.	电动剃须刀
sheet	[ʃiːt]	n.	成幅的薄片，薄板
shelf（复 shelves）	[ʃelf]	n.	架子；搁板；格层；礁；陆架
shelter	[ˈʃeltə(r)]	n.	掩蔽；隐蔽处
shine (shone, shone 或 -d, -d)	[ʃaɪn]	v.	发光；照耀；杰出；擦亮
ship	[ʃɪp]	n. vi.	船，轮船 用船装运
shirt	[ʃɜːt]	n.	男衬衫
shock	[ʃɒk]	vt.	使震惊
shoe	[ʃuː]	n.	鞋
shoot（shot, shot）	[ʃuːt]	vt. n.	射击，射中，发射 嫩枝；苗；芽
shooting	[ˈʃuːtɪŋ]	n.	射击
shop	[ʃɒp]	vi. n.	买东西 商店，车间
shopping	[ˈʃɒpɪŋ]	n.	买东西
shore	[ʃɔː(r)]	n.	滨，岸
short	[ʃɔːt]	a.	短的；矮的
shortcoming	[ˈʃɔːtkʌmɪŋ]	n.	缺点，短处
shoulder	[ˈʃəʊldə(r)]	n.	肩膀，（道路的）路肩
shout	[ʃaʊt]	n./v.	喊，高声呼喊
show	[ʃəʊ]	n.	展示，展览（会）；演出

show (showed, shown 或 showed)	[ʃəʊ]	v.	给……看，出示，显示
shower	[ˈʃaʊə(r)]	n.	阵雨；淋浴
shrink (shrank, shrunk / shrunk, shrunken)	[ʃrɪŋk]	v.	缩小，收缩，减少
shut (shut, shut)	[ʃʌt]	v./n.	关上，封闭；禁闭
shy	[ʃai]	a.	害羞的
sick	[sɪk]	a.	有病，患病的，(想) 呕吐
sickness	[ˈsɪknɪs]	n.	疾病
side	[saɪd]	n.	边，旁边，面，侧面
side road (美 sidewalk)			人行道
sideway	[ˈsaɪdwei]	n.	岔路，旁路
sigh	[sai]	vi.	叹息；叹气
sight	[sait]	n.	情景，风景；视力
sign	[sain]	n.	符号，标记
signal	[ˈsɪgn(ə)l]	n.	信号，暗号
signature	[ˈsɪgnətʃə(r)]	n.	签名
significance	[sɪgˈnɪʃɪkəns]	n.	重要性，意义
silence	[ˈsaɪləns]	n.	安静，沉默
silent	[ˈsaɪlənt]	a.	无声的，无对话的
silk	[sɪlk]	n.	(蚕) 丝，丝织品
silly	[ˈsɪli]	a.	傻的，愚蠢的
silver	[ˈsɪlvə(r)]	n.	银
similar	[ˈsɪmɪlə(r)]	a.	相似的，像
simple	[ˈsɪmp(ə)l]	a.	简单的，简易的
simple-minded	[ˈsɪmp(ə)l maɪndɪd]	a.	纯朴，头脑简单
simplify	[ˈsɪmplɪfai]	v.	使简化，使简易
simply	[ˈsɪmpli]	ad.	简单地，(加强语气) 的确
since	[sɪns]	ad. conj. prep.	从那时以来 从……以来，……以后，由于 从……以来
sincerely	[sɪnˈsɪrli /-ˈsɪəl-]	ad.	真诚地

sing (sang, sung)	[sɪŋ]	v.	唱，唱歌
singer	[sɪŋə(r)]	n.	歌唱家，歌手
single	['sɪŋg(ə)l]	a.	单一的，单个的
sink	[sɪŋk]	n.	洗涤槽；污水槽
sink (sank, sunk)	[sɪŋk]	vi.	下沉；消沉
sit (sat, sat)	[sɪt]	vi.	坐
situation	[sɪtjʊ'eɪʃ(ə)n]	n.	形势，情况
size	[səɪz]	n.	尺寸，大小
skate	[skeɪt]	vi.	溜冰，滑冰
ski	[ski:]	n./ vi.	滑雪板；滑雪
skill	[skɪl]	n.	技能，技巧
skillful	['skɪlf(ə)l]	a.	熟练，精湛的，灵巧的
skin	[skɪn]	n.	皮，皮肤；兽皮
skip	[skɪp]	v.	蹦蹦跳跳；跳绳
skirt	[skɜːt]	n.	女裙
sky	[skai]	n.	天；天空
skyscraper	['skaɪskreɪpə(r)]	n.	摩天楼
slave	[sleɪv]	n.	奴隶
sleep	[sli:p]	n.	睡觉
sleep (slept, slept)	[sli:p]	vi.	睡觉
sleepy	['sli:pi]	a.	想睡的，困倦的，瞌睡的
sleeve	[sli:v]	n.	袖子，袖套
slice	[slaɪs]	n.	片，切面（薄）片
slide	[slaɪd]	n. v.	幻灯片，滑道 滑行，滑动
slight	[slaɪt]	a.	轻微的，细小的
slim	[slɪm]	a.	苗条的，纤细的
slip	[slɪp]	n.	片，条，纸片，纸条
slow	[sləʊ]	ad.	慢慢地，缓慢地
small	[smɔːl]	a.	小的，少的
smart	[smɑːt]	a.	灵巧的，伶俐的；（人、服装等）时髦的，帅的
smell (smelt, smelt 或-ed, -ed)	[smel]	v. n.	嗅，闻到；发气味 气味

smelly	['smeli]	a.	有臭味的，发出臭味的
smile	[smaɪl]	n./v.	微笑
smog	[smɒg]	n.	烟雾（＝smoke＋fog）
smoke	[sməʊk]	n.	烟 v. 冒烟；吸烟
smoking	['sməʊkɪŋ]	n.	吸烟，抽烟；冒烟
smooth	[smuːθ]	a.	光滑的；平坦的
snack	[snæk]	n.	小吃
snake	[sneɪk]	n. v.	蛇 蛇般爬行；蜿蜒行进
snatch	[snætʃ]	v.	夺，夺得，夺走
sneaker	['sniːkə(r)]	n.	（复）轻便运动鞋（美）
sneeze	[sniːz]	v.	打喷嚏
sniff	[snɪf]	v.	（哭，患感冒时）抽鼻子
snow	[snəʊ]	n.	雪；vi. 下雪
soap	[səʊp]	n.	肥皂
soccer	['sɒkə(r)]	n.	英式足球
social	['səʊʃ(ə)l]	a.	社会的；社交的
socialism	['səʊʃəlɪz(ə)m]	n.	社会主义
socialist	['səʊʃəlɪst]	a.	社会主义的
society	[sə'saɪəti]	n.	社会
sock	[sɒk]	n.	短袜
sofa	['səʊfə]	n.	（长）沙发
soft	[sɒft;(US)sɔːft]	a.	软的，柔和的
software	['sɒftweə(r)]	n.	软件
soft drink	[sɒft drɪŋk]	n.	（不含酒精）清凉饮料
soil	[sɔɪl]	n.	土壤，土地
solar	['səʊlə(r)]	a.	太阳的
soldier	['səʊldʒə(r)]	n.	士兵，战士
solid	['sɒlɪd]	a. n.	结实的，固体的 固体
song	[sɒŋ]	n.	歌唱；歌曲
soon	[suːn]	ad.	不久，很快，一会儿
sorrow	['sɒrəʊ]	n.	悲伤，悲痛

sort	[sɔːt]	vt. n.	把……分类，拣选 种类，类别
soul	[səʊl]	n.	灵魂；心灵；气魄
sound	[saʊnd]	vi. n.	听起来，发出声音 声音
soup	[suːp]	n.	汤
south	[saʊθ]	adv. n.	南方；向南方；自南方 南；南方；南风；南部
southeast	[ˌsaʊθˈiːst]	n.	东南
southern	[ˈsʌð(ə)n]	a.	南部的，南方的
southwest	[saʊθˈwest]	n.	西南
souvenirs	[ˌsuːvəˈnɪə(r); (US)ˈsuːvənɪər]	n.	旅游纪念品，纪念物
space	[speɪs]	n.	空间
spaceship	[ˈspeɪsʃɪp]	n.	宇宙飞船
Spain *	[speɪn]	n.	西班牙
Spanish	[ˈspænɪʃ]	a. n.	西班牙人的，西班牙的，西班牙语的 西班牙语
spare	[speə(r)]	a.	空闲，多余的，剩余的
sparrow	[ˈspærəʊ]	n.	麻雀，雀型鸟类
speak (spoke, spoken)	[ˈspiːk]	v.	说，讲；谈话；发言
speaker	[ˈspiːkə(r)]	n.	演讲人，演说家
spear	[spɪə(r)]	n.	矛，枪，梭镖
special	[ˈspeʃ(ə)l]	a.	特别的，专门的
specialist	[ˈspeʃəlɪst]	n.	(医学)专家，专科医生；专家；专业人员
specific	[spɪˈsɪfɪk]	a.	明确的，具体的，独特的
speech	[spiːtʃ]	n.	演讲
speed	[spiːd]	n.	速度 v. (使)加速
spell	[spel]	vt.	拼写
spelling	[ˈspelɪŋ]	n.	拼写，拼读
spend (spent, spent)	[spend]	v.	度过；花费(钱、时间等)
spin	[spɪn]	v./n.	纺，(使)快速旋转；旋转，旋转运动

spirit	[ˈspɪrɪt]	n.	精神
spiritual	[ˈspɪrɪtʃʊəl]	a.	精神的；心灵的
spit	[spɪt]	v.	吐唾沫；吐痰
splendid	[ˈsplendɪd]	a.	灿烂的，辉煌的；（口语）极好的
split	[splɪt]	v.	撕开；切开
sponsor	[ˈspɒnsə(r)]	n.	赞助者，赞助商
spoon	[spuːn]	n.	匙，调羹
spoonful	[ˈspuːnfʊl]	n.	一匙（的量）
sport	[spɔːt]	n.	体育运动，锻炼；（复，英）运动会
spot	[spɒt]	n. v.	斑点，污点；场所，地点 沾上污渍，弄脏
spray	[sprei]	n./v.	水雾，喷雾（器），喷洒
spread	[spred]	v.	延伸；展开
spring	[sprɪŋ]	n.	春天，春季；泉水，泉
square	[skweə(r)]	n. a.	广场 平方的；方形的，宽而结实的（体格，肩膀）
squeeze	[skwiːz]	n.	挤压，捏，塞
stable	[ˈsteɪb(ə)l]	a.	稳固的，牢固的
stadium	[ˈsteɪdɪəm]	n.	（露天）体育场
staff	[stɑːf]	n.	全体职工（雇员）
stage	[steɪdʒ]	n.	舞台；阶段
stainless steel	[ˈsteɪnlɪs stiːl]		不锈钢
stair	[steə(r)]	n.	楼梯
stamp	[stæmp]	n.	邮票
stand（stood, stood）	[stænd]	v.	站；立；起立；坐落；经受；持久
standard	[ˈstændəd]	n./a.	标准（的）
star	[stɑː(r)]	n.	星，恒星
stare	[steə(r)]	vi.	盯，凝视
start	[stɑːt]	v.	开始，着手；出发
starvation	[stɑːˈveɪʃ(ə)n]	n.	饥饿；饿死
starve	[stɑːv]	v.	饿死
state	[steɪt]	n.	状态；情形；国家，（美国的）州

station	[ˈsteɪʃ(ə)n]	n.	站，所，车站；电台
statement	[ˈsteɪtmənt]	n.	声明，陈诉，说法
statistics	[stəˈtɪstɪks]	n.	统计数字，统计资料，统计学
statue	[ˈstætʃuː]	n.	法令，法规，章程
status	[ˈsteɪtəs]	n.	法律地位（身份）
stay	[steɪ]	n./vi.	停留，逗留，待
steady	[ˈstedi]	a.	稳固的；平稳的
steak	[steɪk]	n.	牛排，肉排，鱼排
steal (stole, stolen)	[stiːl]	vt.	偷，窃取
steam	[stiːm]	n.	汽，水蒸气
steel	[stiːl]	n.	钢，钢铁
steep	[stiːp]	a.	险峻的；陡峭的
step	[step]	n. vi.	脚步，台阶，梯级 走，跨步
stick (stuck, stuck)	[stɪk]	vi. n.	粘住，钉住；坚持 木棒（棍），枝条
still	[stɪl]	a. ad.	不动的，平静的 仍然，还
stomach	[ˈstʌmək]	n.	胃，胃部
stomachache	[ˈstʌməkeɪk]	n.	胃疼
stone	[stəʊn]	n.	石头，石料
stop	[stɒp]	n. v.	停；（停车）站 停，停止，阻止
storage	[ˈstɔːrɪdʒ]	n.	贮藏；储存
store	[stɔː(r)]	n. vt.	商店 储藏，存储
storm	[stɔːm]	n.	风暴，暴（风）雨
story	[ˈstɔːri]	n.	故事，小说
stout	[staʊt]	a.	肥壮的，厚实牢固的
stove	[stəʊv]	n.	（供烹饪用的）火炉，煤炉，电炉
straight	[streɪt]	a. ad.	一直的，直的 一直地，直地
straightforward	[streɪtˈfɔːwəd]	a.	简单的，坦率的
strait	[streɪt]	n.	海峡
strange	[streɪndʒ]	a.	奇怪，奇特的，陌生的

stranger	['streɪndʒə(r)]	n.	陌生人，外人
straw	[strɔː]	n.	稻草
strawberry	['strɔːbərɪ;(US)-berɪ]	n.	草莓
stream	[striːm]	n.	小河；溪流
street	[striːt]	n.	街，街道
strength	[streŋθ]	n.	力量，力气
strengthen	['streŋθ(ə)n]	vt.	加强，增强
stress	[stres]	n.	精神压力，心理负担
		v.	强调，重读
strict	[strɪkt]	a.	严格的，严密的
strike	[straɪk]	v.	（钟）鸣；敲（响），罢工
strike (struck, struck 或 stricken)	[straɪk]	vt.	擦（打）火，侵袭
string	[strɪŋ]	n.	细绳，线，带
strong	[strɒŋ;(US)strɔːg]	a.	强（壮）的；坚固的；强烈的；坚强的
struggle	['strʌg(ə)l]	vi.	斗争
stubborn	['stʌbən]	a.	固执的，倔强的
studio	['stjuːdɪəʊ]	n.	工作室，演播室
study	['stʌdi]	v.	学习；研究
		n.	书房
stupid	['stjuːpɪd]	a.	愚蠢的，笨的
style	[staɪl]	n.	方式，作风，款式
subject	['sʌbdʒɪkt]	a.	隶属的；受支配的；易受……的；在……条件下
		vt.	使隶属；使服从；使受到
		n.	题目；主题；学科；主语；主体
subjective	[səb'dʒektɪv]	a.	主观的
submit	[səb'mɪt]	v.	提交，呈递（文件，建议等）
subscribe	[səb'skraɪb]	v.	订阅，订购（报刊等）
substitute	['sʌbstɪtjuːt]	v.	代替，取代
succeed	[sək'siːd]	vi.	成功
success	[sək'ses]	n.	成功
successful	[sək'sesfʊl]	a.	成功的，有成就的
such	[sʌtʃ]	ad.	那么
		pron.	（泛指）人，事物
		a.	这样的，那样的

suck	[sʌk]	vt.	吸吮
sudden	['sʌd(ə)n]	a.	突然的
suffer	['sʌfə(r)]	vi.	受苦，遭受
suffering	['sʌfərɪŋ]	n.	痛苦，苦难
sugar	['ʃʊgə(r)]	n.	糖
suggest	[sə'dʒest; (US)səg'dʒest]	vt.	建议，提议
suggestion	[sə'dʒestʃ(ə)n]	n.	建议
suit	[suːt, sjuːt]	vt. n.	适合 一套（衣服）
suite	[swiːt]	n.	套间；组曲
suitable	['sjuːtəb(ə)l]	a.	合适的，适宜的
suitcase	['sjuːtkeɪs]	n.	(旅行用）小提箱，衣箱
summary	['sʌməri]	n.	摘要，概要
summer	['sʌmə(r)]	n.	夏天，夏季
sun	[sʌn]	n.	太阳，阳光
Sunday	['sʌndei]	n.	星期日
sunglasses	['sʌnglɑːsɪs]	n.	太阳镜，墨镜
sunlight	['sʌnlaɪt]	n.	日光，阳光
sunny	['sʌni]	a.	晴朗的；阳光充足的
sunrise	['sʌnraɪz]	n.	黎明，拂晓
sunset	['sʌnset]	n.	日落（时分)
sunshine	['sʌnʃaɪn]	n.	阳光
super	['suːpə(r); 'sjuːpə(r)]	a.	顶好的，超级的
superb	[suː'pɜːb]	a.	卓越的，质量极高的
superior	[suː'pɪərɪə(r)]	a. n.	更胜一筹的 上级，上司
supermarket	['suːpəmɑːkɪt]	n.	超级市场
supper	['sʌpə(r)]	n.	晚餐，晚饭
supply	[sə'plai]	vt./n.	供给，供应
support	[sə'pɔːt]	vt./n.	支持，赞助
suppose	[sə'pəʊz]	vt.	猜想，假定，料想
supreme	[suː'priːm]	a.	至高无上的，最高的
sure	[ʃʊə(r); ʃɔː(r)]	a. ad.	确信，肯定 (口语) 的确，一定，当然

surface	['sɜːfɪs]	n.	表面
surgeon	['sɜːdʒ(ə)n]	n.	外科医生
surplus	['sɜːpləs]	n.	过剩，剩余
surprise	[sə'praɪz]	vt.	使惊奇，使诧异
		n.	惊奇，诧异
surround	[sə'raʊnd]	vt.	围绕；包围
surrounding	[sə'raʊndɪŋ]	a.	周围的
survival	[sə'vaɪv(ə)l]	n.	存活，幸存
survive	[sə'vaɪv]	v.	生存，存活，幸免于难
suspect	[sə'spekt]	n.	犯罪嫌疑人
suspension	[sə'spenʃ(ə)n]	n.	暂令停职，推迟，延期
swallow	['swɒləʊ]	vt.	吞下；咽下
sweat	[swet]	n.	汗，汗水
sweater	['swetə(r)]	n.	厚运动衫，毛衣
sweep(swept, swept)	[swiːp]	v.	扫除，扫
sweet	[swiːt]	n.	甜食；蜜饯；甜点；糖果；芳香
		a.	甜的；新鲜的；可爱的；亲切的
swift	[swɪft]	a.	快的，迅速的
swim(swam,swum)	[swɪm]	vi.	游泳，游
swimming	['swɪmɪŋ]	n.	游泳
swimming pool	['swɪmɪŋ puːl]	n.	游泳池
swing	[swɪŋ]	vt.	挥舞，摆动
		n.	秋千
Swiss	[swɪs]	a.	瑞士人的
		n.	瑞士人
Switzerland	['swɪtsələnd]	* n.	瑞士
switch	[swɪtʃ]	v./n.	开关，转换，改变
sword	[sɔːd]	n.	剑，刀
symbol	['sɪmb(ə)l]	n.	象征
sympathy	['sɪmpəθɪ]	n.	同情
symptom	['sɪmptəm]	n.	症状
system	['sɪstəm]	n.	体系；系统
systematic	[sɪstə'mætɪk]	a.	系统的，有条理的

T			
table	['teɪb(ə)l]	*n.*	桌子，表格
tablet	['tæblət]	*n.*	药片
tail	[teɪl]	*n.*	(动物的) 尾巴
tailor	['teɪlə(r)]	*n.*	裁缝
take (took，taken)	[teɪk]	*vt.*	拿；拿走；做；服用；乘坐；花费
tale	[teɪl]	*n.*	故事，传说
talent	['tælənt]	*n.*	天才，天赋
talk	[tɔːk]	*n./ v.*	谈话，讲话，演讲，交谈
tall	[tɔːl]	*a.*	高的
tank	[tæŋk]	*n.*	储水容量；坦克
tap	[tæp]	*n.*	(自来水煤气等的) 龙头
tape	[teɪp]	*n.*	磁带；录音带
target	['tɑːgɪt]	*n./v.*	目标，把……作为攻击目标
task	[tɑːsk；(US)tæsk]	*n.*	任务，工作
taste	[teɪst]	*n.* *vt.*	品尝，尝味；味道 品尝，尝味
tasteless	['teɪstlɪs]	*a.*	无滋味的
tasty	['teɪsti]	*a.*	味道好的
tax	[tæks]	*n.*	税，税款
taxi	['tæksi]	*n.*	出租汽车
tea	[tiː]	*n.*	茶；茶叶
team	[tiːm]	*n.*	队，组
teamwork	['tiːmwɜːk]	*n.*	合作，协同工作
tear	[teə(r)]	*n.* *v.*	眼泪 扯破，撕开
tease	[tiːz]	*v.*	取笑，戏弄，寻开心
technical	['teknɪk(ə)l]	*a.*	技术的，工艺的
technique	[tek'niːk]	*n.*	技术；技巧，方法
technology	[tek'nɒlədʒi]	*n.*	技术
teenager	['tiːneɪdʒə(r)]	*n.*	(13～19 岁的) 青少年，十几岁的少年
telegram	['telɪgræm]	*n.*	电报
telegraph	['telɪgrɑːf；(US)-græf]	*v.*	(拍) 电报

telephone	['telɪfəʊn]	v.	打电话 n. 电话
telescope	['telɪskəʊp]	n.	望远镜
television	['telɪvɪʒn]	n.	电视
tell (told, told)	[tel]	vt.	告诉，讲述，吩咐
temperature	['temprɪtʃə(r)]	n.	温度
temple	['temp(ə)l]	n.	庙宇，寺院
temporary	['tempərəri]	a.	短暂的，暂时的
temptation	[temp'teɪʃ(ə)n]	n.	引诱；诱惑
tend	[tend]	v.	往往会，常常就，倾向，趋于
tendency	['tendənsi]	n.	倾向，偏好，性情
tennis	['tenɪs]	n.	网球
tense	[tens]	a.	心烦意乱的，紧张的
tension	['tenʃ(ə)n]	n.	紧张局势，矛盾
tent	[tent]	n.	帐篷
term	[tɜːm]	n.	学期；术语；条款；项
terminal	[tɜːmɪnl]	a.	(火车、汽车、飞机) 终点站
terrible	['terɪb(ə)l]	a.	可怕的；糟糕的
terrify	['terɪfaɪ]	vt.	使人感到恐怖
test	[test]	vt./n.	测试，考查，试验
text	[tekst]	n.	文本，课文
textbook	['tekstbʊk]	n.	课本，教科书
than	[ðen; ðæn]	conj.	比
thank	[θæŋk]	vt. n.	感谢，致谢，道谢 (复) 感谢，谢意
thankful	['θæŋkfʊl]	a.	感谢的，感激的
theatre(美 theater)	['θɪətə]	n.	剧场，戏院
theft	[θeft]	n.	盗窃案
theme	[θiːm]	n.	主题
theoretical	[θɪə'retɪk(ə)l]	a.	理论的
theory	['θɪəri]	n.	理论
therefore	['ðeəfɔː(r)]	ad.	因此，所以
thick	[θɪk]	a.	厚的
thief (复 thieves)	[θiːf]	n.	窃贼，小偷

thin	[θɪn]	a.	薄的；瘦的；稀的
thing	[θɪŋ]	n.	东西；(复)物品，用品；事情，事件
think（thought,thought）	[θɪŋk]	v.	想；认为；考虑
thinking	['θɪŋkɪŋ]	n.	思索；见解；想法
third	[θɜːd]	num.	第三
thirst	[θɜːst]	n.	渴；口渴
thirsty	['θɜːsti]	a.	渴
thorough	['θʌrə;(US)'θʌrəʊ]	a.	彻底的
though	[ðəʊ]	conj.	虽然，可是
thought	[θɔːt]	n.	思考，思想，念头
thousand	['θaʊzənd]	num.	千
thread	[θred]	n.	线
thrill	[θrɪl]	n./v.	兴奋，激动
throat	[θrəʊt]	n.	喉咙
through	[θruː]	prep. ad.	穿（通）过；从始至终 穿（通）过；自始至终，全部
throughout	[θruːˈaʊt]	prep.	遍及，贯穿
throw（threw,thrown）	[θrəʊ]	v.	投，掷，扔
thunder	['θʌndə(r)]	n.&v.	雷声，打雷
thunderstorm	['θʌndəstɔːm]	n.	雷电交加暴风雨
Thursday	['θɜːzdei]	n.	星期四
thus	[ðʌs]	ad.	这样；因而
Tibet	[tiˈbet]	n.	西藏
Tibetan	[tiˈbetən]	n.	西藏人；西藏语
ticket	['tɪkɪt]	n.	票；卷
tidy	['taɪdi]	a. vt.	整洁的，干净的 弄整洁，弄干净
tie	[tai]	vt. n.	（用绳，线）系，拴，扎 领带，绳子，结；关系
tiger	['taɪɡə(r)]	n.	老虎
tight	[taɪt]	a.	紧的
till	[tɪl]	conj./prep.	直到，直到……为止

time	[taɪm]	n.	时间；时期；钟点，次，回
		vt.	测定……的时间，记录……的时间
timetable	['taɪmteɪb(ə)l]	n.	（火车、公共汽车等）时间表；（学校）课表
tin	[tɪn]	n.	（英）罐头，听头
tiny	['taɪni]	a.	极小的，微小的
tip	[tɪp]	n./v.	顶端，尖端；告诫；提示（给）小费
tire	['taɪə(r)]	vi.	使疲劳
tired	['taɪəd]	a.	疲劳的，累的
tissue	['tɪʃuː, 'tɪsjuː]	n.	（人，动植物的）组织，纸巾
title	['taɪtl]	n.	标题，题目
toast	[təʊst]	v./n.	烤
tobacco	[tə'bækəʊ]	n.	烟草，烟叶
today	[tə'deɪ]	ad./n.	今天；现在，当前
together	[tə'geðə(r)]	ad.	一起，共同
toilet	['tɔɪlɪt]	n.	厕所
Tokyo	['təʊkjəʊ]	n.	东京
tolerate	['tɒləreɪt]	v.	容许，允许，忍受
tomato	[tə'mɑːtəʊ；（US）tə'meɪtəʊ]	n.	西红柿，番茄
tomb	[tuːm]	n.	坟墓
tomorrow	[tə'mɒrəʊ]	ad./n.	明天
ton	[tʌn]	n.	（重量单位）吨
tongue	[tʌŋ]	n.	舌，舌头
tonight	[tə'naɪt]	ad./n.	今晚，今夜
tool	[tuːl]	n.	工具，器具
tooth（复 teeth）	[tuːθ]	n.	牙齿
toothache	['tuːθeɪk]	n.	牙痛
toothbrush	['tuːθbrʌʃ]	n.	牙刷
toothpaste	['tuːθpeɪst]	n.	牙膏
top	[tɒp]	n.	顶部，（物体的）上面
topic	['tɒpɪk]	n.	题目，话题
tortoise	['tɔːtəs]	n.	乌龟

total	[ˈtəʊt(ə)l]	*a.* *n.* *v.*	总数的；总括的；完全的，全然的 合计，总计 合计为
totally	[təʊtəli]	*ad.*	全部地，完全地
touch	[tʌtʃ]	*vt.*	触摸，接触
tough	[ˈtʌf]	*a.*	坚硬的；结实的；棘手的，难解的
tour	[tʊə(r)]	*n.*	参观，观光，旅行
tourism	[ˈtʊərɪz(ə)m]	*n.*	旅游业；观光
tourist	[ˈtʊərɪst]	*vn.*	旅行者，观光者
toward（s）	[təˈwɔːdz]	*prep.*	向，朝，对于
towel	[ˈtaʊəl]	*n.*	毛巾
tower	[ˈtaʊə(r)]	*n.*	塔
town	[taʊn]	*n.*	城镇，城
toy	[tɔɪ]	*n.*	玩具，玩物
track	[træk]	*n.*	轨道；田径
tractor	[ˈtræktə(r)]	*n.*	拖拉机
trade	[treɪd]	*n.* *vt.*	贸易 用……进行交换
tradition	[trəˈdɪʃ(ə)n]	*n.*	传统，风俗
traditional	[trəˈdɪʃ(ə)nl]	*a.*	传统的，风俗的
traffic	[ˈtræfɪk]	*n.*	交通，来往车辆
train	[treɪn]	*n.* *v.*	火车 培训，训练
tram	[træm]	*n.*	有轨电车
transform	[trænsˈfɔːm]	*v.*	使改变形态，使改观
translate	[trænsˈleɪt]	*vt.*	翻译
translation	[trænsˈleɪʃ(ə)n]	*n.*	翻译；译文
transparent	[trænsˈpærənt]	*a.*	透明的，清澈的
transport	[trænsˈpɔːt]	*n./ vt.*	运输
trap	[træp]	*n.* *vt.*	陷阱 使陷入困境
travel	[ˈtræv(ə)l]	*n./ vi.*	旅行
traveler	[ˈtrævələ(r)]	*n.*	旅行者
treasure	[ˈtreʒə(r)]	*n.*	金银财宝，财富

treat	[triːt]	vt.	对待，看待
treatment	[ˈtriːtmənt]	n.	治疗，疗法
tree	[triː]	n.	树
trend	[trend]	n.	趋势，倾向，动态
trial	[ˈtraɪəl]	n.	审判；试验；试用
triangle	[ˈtraɪæŋg(ə)l]	n. / adj.	三角形；三角形的
trick	[trɪk]	n.	诡计，把戏
trip	[trɪp]	n.	旅行，旅程
trolley-bus	[ˈtrɔlɪ- bʌs]	n.	无轨电车
troop	[truːp]	vi.	成群结队地走
troop	[truːp]	n.	部队
trouble	[ˈtrʌb(ə)l]	vt. n.	使苦恼，使忧虑，使麻烦 问题，疾病，烦恼，麻烦
trousers	[ˈtraʊzəz]	n.	裤子，长裤
truck	[trʌk]	n. v.	卡车，运货车；车皮 装车；用货车运
true	[truː]	a.	真的，真实的；忠诚的
truly	[ˈtruːli]	ad.	真正地，真实地
trunk	[trʌŋk]	n.	树干；大箱子
trust	[trʌst]	vt.	相信，信任，信赖
truth	[truːθ]	n.	真理，事实，真相，实际
try	[traɪ]	v.	试，试图，努力
tube	[tjuːb；(US) tuːb]	n.	管，管状物
tune	[tjuːn；(US) tuːn]	n.	曲调，曲子
Tuesday	[ˈtjuːzdei]	n.	星期二
turkey	[ˈtɜːki]	n.	火鸡
turn	[tɜːn]	v. n.	旋转，翻转，转变，转弯 轮流，（轮流的）顺序
turning	[ˈtɜːnɪŋ]	n.	拐弯处，拐角处
tutor	[ˈtjuːtə(r)]	n.	家庭教师，私人教师，导师
twice	[twaɪs]	ad.	两次；两倍
twin	[twɪn]	n.	双胞胎之一
twist	[twɪst]	v./n.	使弯曲，转动

type	[ˈtaɪp]	vt.	打字
typewriter	[ˈtaɪpraɪtə(r)]	n.	打字机
typical	[ˈtɪpɪk(ə)l]	a.	典型的，有代表性的，特有的
typhoon	[taɪˈfuːn]	n.	台风
U			
ugly	[ˈʌɡli]	a.	丑陋的；难看的
umbrella	[ʌmˈbrelə]	n.	雨伞
unable	[ʌnˈeɪbl]	a.	不能的，不能胜任的
unconscious	[ʌnˈkɒnʃəs]	a.	昏迷，不省人事的
under	[ˈʌndə(r)]	ad./ prep.	在……下面，向……下面
underground	[ʌndəˈɡraʊnd]	a. n.	地下的 地铁
underline	[ʌndəˈlaɪn]	v.	在……下画线
understand (understood, understood)	[ʌndəˈstænd]	v.	懂得；明白；理解
undertake (undertook, undertaken)	[ʌndəˈteɪk]	v.	承担，从事，负责
underwear	[ˈʌndəweə(r)]	n.	内衣
unemployment	[ʌnɪmˈplɔɪmənt]	n.	失业，失业状态
unfold	[ʌnˈfəʊld]	vt.	展开，打开
unfortunately	[ʌnˈfɔːtjʊnətli]	ad.	不幸地
uniform	[ˈjuːnɪfɔːm]	n.	制服
union	[ˈjuːnjən]	n.	联合，联盟；工会
unique	[jʊˈniːk]	a.	唯一的，独一无二的
unit	[ˈjuːnɪt]	n.	单元，单位
unite	[jʊˈnaɪt]	v.	联合，团结
universal	[juːnɪˈvɜːs(ə)l]	a.	普遍的，全体的
universe	[ˈjuːnɪvɜːs]	n.	宇宙
university	[juːnɪˈvɜːsɪti]	n.	大学
unless	[ʌnˈles]	conj.	如果不，除非
until	[ʌnˈtɪl]	prep. / conj.	直到……为止

unusual	[ʌnˈjuːʒʊəl]	a.	不平常的，异常的
unwilling	[ʌnˈwɪlɪŋ]	a.	不愿意的，勉强的
upon	[əˈpɔn]	prep.	在……上面
upper	[ˈʌpə(r)]	a.	较高的，较上的
upset	[ʌpˈset]	a.	心烦的，苦恼的
upstairs	[ʌpˈsteəz]	ad.	在楼上，到楼上
upward	[ˈʌpwəd]	ad.	向上；往上
urban	[ˈɜːbən]	a.	城市的，都市的
urge	[ɜːdʒ]	v.	敦促，催促，力劝
urgent	[ˈɜːdʒənt]	a.	紧急的，紧迫的
use	[juːz]	n./ vt.	利用，使用，应用
useful	[ˈjuːsfʊl]	a.	有用的，有益的
useless	[ˈjuːslɪs]	a.	无用的
user	[ˈjuːzə]	n.	使用者；用户
usual	[ˈjuːʒʊəl]	a.	通常的，平常的
usually	[ˈjuːʒʊəli]	ad.	通常，经常

V			
vacation	[vəˈkeɪʃ(ə)n]	n.	假期，休假
vacant	[ˈveɪkənt]	a.	空缺的，未被占用的
vague	[veɪg]	a.	含糊的，紧迫的
valid	[ˈvælɪd]	a.	有效的，合理的，有根据的
valley	[ˈvæli]	n.	山谷，溪谷
valuable	[ˈvæljʊəb(ə)l]	a.	值钱的，贵重的
value	[ˈvæljuː]	n.	价值，益处
vanilla	[vəˈnɪlə]	n.	香草
variety	[vəˈraɪəti]	n.	种种，种类
various	[ˈveərɪəs]	a.	各种各样的，不同的
vase	[vɑːz;(US)veɪs]	n.	（花）瓶；瓶饰
vast	[vɑːst;(US)væst]	a.	巨大的，广阔的
vegetable	[ˈvedʒɪtəb(ə)l]	n.	蔬菜
vehicle	[ˈviːɪk(ə)l;(US)ˈviːhɪkl]	n.	交通工具，车辆
version	[ˈvɜːʃ(ə)n;(US)ˈvɜːrʒn]	n.	变体，变种，改写本
vertical	[ˈvɜːtɪk(ə)l]	a.	垂直的，纵向的

vest	[vest]	n.	背心，内衣
via	['vaɪə]	prep.	经过（某地），通过
victim	['vɪktɪm]	n.	受害者，牺牲品
victory	['vɪktəri]	n.	胜利
video	['vɪdɪəʊ]	n.	录像，视频
view	[vjuː]	n.	看法，见解；风景，景色
viewer	['vjuːə(r)]	n.	观看者
village	['vɪlɪdʒ]	n.	村庄，乡村
villager	['vilidʒə]	n.	村民
violate	['vaɪəleɪt]	v.	违反（法律、协议等），侵犯
violence	['vaɪələns]	n.	暴力行为
violent	['vaɪələnt]	a.	暴力的
violin	[vaɪə'lɪn]	n.	小提琴
virtue	['vɜːtjuː]	n.	美德，正直的品行，德行
virus	['vaɪərəs]	n.	病毒
visa	['viːzə]	n.	签证，背签
visit	['vɪzɪt]	n./vt.	参观，访问，拜访
visitor	['vɪzɪtə(r)]	n.	访问者，参观者
visual	['vɪʒʊəl]	a.	视力的，视觉的
vital	['vaɪt(ə)l]	a.	必不可少的，对……极重要的
vivid	['vɪvɪd]	a.	生动，逼真的，鲜明的
vocabulary	[və'kæbjʊləri]	n.	词汇，词汇表
voice	[vɔɪs]	n.	说话声；语态
volcano	[vɒl'keɪnəʊ]	n.	火山
voluntary	['vɒləntəri]	a.	自愿的，主动的
volunteer	[vɒlən'tɪə(r)]	n./v.	义工，志愿者，无偿做
vote	[vəʊt]	vi.	选举，投票
voyage	['vɔɪɪdʒ]	n.	航行，旅行

W			
wage	[weɪdʒ]	n.	工资，工钱，报酬
waist	[weɪst]	n.	腰，腰部，腰围
wait	[weɪt]	vi.	等，等候
waiter	['weɪtə(r)]	n.	（餐厅）男服务员

waitress	[ˈweɪtrəs]	n.	女服务员
wake(woke, woken)	[weɪk]	v.	醒来，叫醒
walk	[wɔːk]	n./ v.	步行；散步
wall	[wɔːl]	n.	墙
wallet	[ˈwɒlɪt]	n.	（放钱，证件等的）皮夹
wander	[ˈwɒndə(r)]	vi.	漫游，游荡，漫步，流浪
want	[wɒnt;（US）wɔːnt]	vt.	想，想要，需要，必要
war	[wɔː(r)]	n.	战争
ward	[wɔːd]	n.	保卫，看护，病房，收容所
warehouse	[ˈweəhaʊs]	n.	仓库，货栈
warm	[wɔːm]	a.	暖和的，温暖的；热情的
warmth	[wɔːmθ]	n.	暖和，温暖
warn	[wɔː(r)n]	vt.	警告，预先通知
wash	[wɒʃ]	n. v.	洗（涤）冲洗，洗剂，泼溅，洗的衣服 洗（涤），冲洗，流过，弄湿
washroom	[ˈwɒʃrʊm; ˈwɒʃruːm]	n.	盥洗室
waste	[weɪst]	n./ vt.	浪费
watch	[wɒtʃ]	vt.	观看，注视；当心，注意 n. 手表，表
water	[ˈwɔːtə(r)]	n. v.	水 浇水
watermelon	[ˈwɔːtəmelən]	n.	西瓜
wave	[weɪv]	n.	（热、光、声等的）波，波浪 v. 挥手，挥动，波动
wax	[wæks]	n.	蜡
way	[wei]	n.	路，路线；方式，手段
wayside	[ˈweɪsaɪd]	a.	路边的
web	[web]	n.	网，网状物
website	[ˈwebsaɪt]	n.	网络
weak	[wiːk]	a.	差的，弱的，淡的
weakness	[ˈwiːknɪs]	n.	软弱
wealth	[welθ]	n.	财产，财富
wealthy	[ˈwelθi]	a.	富的
wear（wore, worn)	[weə(r)]	v.	穿，戴
weather	[ˈweðə(r)]	n.	天气

wedding	['wedɪŋ]	*n.*	婚礼，结婚
Wednesday	['wenzdei]	*n.*	星期三
weed	[wi:d]	*n.*	杂草，野草
week	[wi:k]	*n.*	星期，周
weekday	['wi:kdei]	*n.*	平日
weekend	[ˌwi:k'end;'wi:kend]	*n.*	周末
weigh	[wei]	*vt.*	称……的重量，重（若干）
weight	[weɪt]	*n.*	重，重量
welcome	['welkəm]	*int./n./v.* *a.*	欢迎 受欢迎的
welfare	['welfeə(r)]	*n.*	幸福，福利
well（better, best）	[wel]	*ad.* *a.* *int.* *n.*	好，令人满意地，完全地 好的，健康的 表示惊讶同意或犹豫等，亦用于接 话语；好吧，那么，哎呀 井
well-known	[wel-'nəʊn]	*a.*	出名，众所周知的
west	[west]	*a.* *ad.* *n.*	（在）西；向西，从西来的 在西方，向西方 西部；西方
western	['west(ə)n]	*a.*	西方的，西部的
westwards	['westwədz]	*ad.*	向西
wet	[wet]	*a.*	湿的，潮的，多雨的
whale	[weɪl；(US)hweɪl]	*n.*	鲸
wheat	[wi:t；(US)hwi:t]	*n.*	小麦
wheel	[wi:l；(US)hwi:l]	*n.*	轮，机轮
whether	['weðə(r)； (US)'hweðər]	*conj.*	是否
whisper	['wɪspə(r)]	*v.*	低语，私下说
white	[waɪt；(US)hwaɪt]	*a.* *n.*	白色的 白色
whole	[həʊl]	*a.*	整个的
wide	[weə(r)；(US)hweər]	*a.*	宽阔的
widespread	['waɪdspred；-'spred]	*a.*	分布广的，普遍的
wife	[waɪf]	*n.*	妻子

wild	[waɪld]	a.	未开发的，荒凉的；野生的，野的
wildlife	['waɪldlaɪf]	n.	野生动物
will	[wɪl]	n.	意志，遗嘱
willing	['wɪlɪŋ]	a.	乐意的；愿意的
willingness	['wɪlɪŋnɪs]	n.	意愿；愿望
win（won, won）	[wɪn]	n.	获胜，赢得
wind	[wɪnd]	n.	风
wind(wound,wound)	[wɪnd]	vt.	缠，连带；蜿蜒，弯曲
window	['wɪndəʊ]	n.	窗户；计算机的窗
wine	[waɪn]	n.	酒
wing	[wɪŋ]	n.	机翼，翅膀
winner	['wɪnə(r)]	n.	获胜者
winter	['wɪntə(r)]	n.	冬天，冬季
wipe	[waɪp]	v.	擦；擦净；擦干
wire	['waɪə(r)]	n.	电线
wisdom	['wɪzdəm]	n.	智慧
wise	[waɪz]	a.	聪明，英明的，有见识的
wish	[wɪʃ]	n. vt.	愿望，祝愿 希望，想要，祝愿
with	[wɪð]	prep.	关于，带有，以，和，用，有
withdraw	[wɪð'drɔː]	v.	撤回，撤离
within	[wɪ'ðɪn]	prep.	在……里面
without	[wɪ'ðaʊt]	prep.	没有
witness	['wɪtnɪs]	v./n.	目击者，见证人
wolf（复 wolves）	[wʊlf]	n.	狼
wonder	['wʌndə(r)]	v. n.	对……疑惑，感到惊奇，想知道 惊讶，惊叹；奇迹
wonderful	['wʌndəfʊl]	a.	美妙的，精彩的；了不起的；太好了
wood	[wʊd]	n.	木头，木材，（复）树木，森林
wooden	['wʊd(ə)n]	a.	木制的
wool	[wʊl]	n.	羊毛，羊绒
workforce	['wəːkfɔːs]	n.	劳动力
workmate	['wəːkmeɪt]	n.	同事；工友

workplace	['wɜːkpleɪs]	n.	工作场所，车间
works	[wɜːks]	n.	著作，作品
worldwide	['wɜːldwaɪd; -'waɪd]	a.	遍及全球的，世界范围的
worm	[wɜːm]	n.	软体虫，蠕虫（尤指蚯蚓）
worry	['wʌri]	n./ v.	烦恼，担忧，发怒，困扰
worse	[wɜːs]	a.	（bad 的比较级）更坏的
worst	[wɜːst]	a.	（bad 的最高级）最坏的
worth	[wɜːθ]	a.	有……的价值，值得……的
worthless	['wɜːθlɪs]	a.	没有价值，没有用的
worthwhile	[wɜːθ'waɪl]	a.	值得做的
worthy	['wɜːθi]	a.	值得的
wounded	['wuːndɪd]	a.	受伤的
wrestle	['res(ə)l]	v.	摔跤
wrinkle	['rɪŋk(ə)l]	n.	皱纹
wrist	[rɪst]	n.	手腕，腕关节
write(wrote, written)	[raɪt]	v.	写，书写；写作，著述
writing	['raɪtɪŋ]	n.	书写，写
yard	[jɑːd]	n.	码；院子；场地
yawn	[jɔːn]	v.	打哈欠
year	[jɪə(r); jɜː(r)]	n.	年
yellow	['jeləʊ]	a.	黄色的
yesterday	['jestədei]	n./ ad.	昨天
yet	[jet]	ad.	尚，还，仍然
yoghurt	['jɔgət; 'jəʊ-]	n.	酸奶
young	[jʌŋ]	a.	年轻的
youth	[juːθ]	n.	青春；青年

Z			
zebra	['zebrə; 'ziːbrə]	n.	斑马
zero	['zɪərəʊ]	n./num.	零，零度，零点
zip	[zɪp]	v./ n.	拉开（或扣上）……的拉链；拉链
zipper	['zɪpə(r)]	n.	拉链
zone	[zəʊn]	n.	区域；范围
zoo	[zuː]	n.	动物园